我们一起解决问题

# 精准电话销售

## 转化率倍增的实战技巧与口才训练

张烜搏◎著

人民邮电出版社

北　京

图书在版编目（CIP）数据

精准电话销售：转化率倍增的实战技巧与口才训练 /
张烜搏著. -- 北京：人民邮电出版社，2020.2
ISBN 978-7-115-53213-8

Ⅰ. ①精… Ⅱ. ①张… Ⅲ. ①推销—口才学 Ⅳ.
①F713.3②H019

中国版本图书馆CIP数据核字(2019)第291802号

## 内 容 提 要

即使在微信沟通越来越普遍的新时代下，电话沟通作为一种更直接、更快速、更具有深度互动性的沟通模式，对很多行业和企业来说仍然是不可或缺的。

有效地运用电话进行销售，已经成为数百万人必备的职业技能。然而，随之而来的是客户对电话销售越来越大的抗拒。在这种背景下，电话销售人员如何以更专业的方式和客户接触，了解客户的需求和底线？如何通过各种沟通技巧，化解客户的异议和拒绝，从而有效赢得客户？

本书结合业内最新的成功案例，系统、全面地剖析了电话销售的技巧和策略，满足了新时期电话销售人员的新需求。本书围绕善准备、抓开场、挖需求、谈方案、要承诺、谨追踪六个部分循序渐进地帮助读者实现从理论到落地的转化，进而使个人业绩得以提升、企业利润率实现翻倍增长。

本书对那些渴望提升销售能力的电话销售人员尤为合适，同时适合培训师、管理者、创业者相关专业的师生阅读。本书也适合所有在工作中主要用到电话、微信，以及需要与客户进行深度互动的从业者阅读。

◆ 著　　　　张烜搏

　　责任编辑　田　甜
　　责任印制　彭志环

◆ 人民邮电出版社出版发行　　　　北京市丰台区成寿寺路 11 号
　　邮编 100164　　电子邮件 315@ptpress.com.cn
　　网址 http://www.ptpress.com.cn
　　北京虎彩文化传播有限公司印刷

◆ 开本：700×1000　1/16
　　印张：19.5　　　　　　　　　　　　2020 年 2 月第 1 版
　　字数：200 千字　　　　　　　　　　2025 年 10 月北京第 25 次印刷

定　价：69.80 元

读者服务热线：（010）81055656　印装质量热线：（010）81055316
反盗版热线：（010）81055315

感谢你阅读本书，在学习之前，我先为你解答以下 4 个问题，以便于你更好地理解和学习。

　　1. 本书适合哪些人学习？

　　2. 学习本书的内容对你有什么帮助？

　　3. 你对本书的内容是否将信将疑？

　　4. 本书的内容框架是什么？

## 1. 本书适合哪些人学习

本书适合所有电话销售型企业的电话销售人员、电话销售培训师及电话销售管理者深度阅读、学习。电话销售型企业，指的是在其销售模式中，电话沟通占据主要沟通模式，包括纯电话销售，以及网络销售、电话销售和面对面销售相结合的销售模式。

另外，本书也适合所有在工作中主要用到电话、微信，以及需要和客户面对面进行深度互动的职业，例如招聘公司、猎头公司、律师事务所、会计师事务所等公司的专业服务岗位。

补充一点，因为篇幅所限，书中案例并没有涉及所有行业。你在阅读和学习的过程中，可以将书中涉及行业的案例场景，和你自己遇到的相似的案例场景结合起来，融入你的案例，这样你的理解会更深刻。

## 2. 学习本书的内容对你有什么帮助

对于个人来说，学习完本书内容之后的 3 个月内，经过持续的学习、巩固和实践，你个人的电话销售转化率、业绩和收入都将翻倍。

对于<u>企业</u>来说，学习完本书内容的 3 个月内，经过持续的学习、巩固和实践，我期望在两个方面可以帮助企业：经营目标和人才目标。

● 从经营目标上来讲，企业的人均转化率和人均业绩将提高 50% 以上，利润率可以提高 1 倍以上。

● 从人才目标上来讲，企业将拥有一支想要、敢要、能要的高产出电话销售团队。

我要强调的是学以致用的重要性，即通过学习并应用本书的内容，提高转化率和收入。

### 3. 你对本书的内容是否将信将疑

过去的培训经验告诉我，如果你对本书内容将信将疑，它很难帮你实现你期望的结果。但你的将信将疑，也是可以理解的，毕竟你还没有学习并实践，所以，我有必要先帮你树立信心。

为什么本书能帮你提高业绩？使你的转化率倍增？提高你的收入？

一方面，本书浓缩了过去 20 年，我对电话销售实践研究的总结；另一方面，在过去 16 年，至少有超过 10 万家电话销售型企业、100 万电话销售人员从本书介绍的方法中受益。他们有人成功创业成了上市公司的创始人，有人打造了上千人的电话销售团队，有人成了团队的销售冠军，也有人成了年入百万的电话销售人员。他们实现了平均 30% 以上的转化率增长，我相信你肯定会做得更好。

你对本书所提到的系统性的电话销售方法，是否能够帮助你提高业绩和收入，也许还将信将疑。我们接下来看一个很多电话销售人员都会遇到并会为此而苦恼的一个场景，看看我会怎么帮助你。

电话销售场景：有一位客户，你和他刚开始通过电话聊得不错，客户问的问题非常详细，你感觉这位客户对项目特别感兴趣。但是初次沟通后，你就无法再联系上这位客户了。什么原因？怎么办？

如果刚才的场景你也经常遇到，同时也有这样的困惑，我猜测，你平时和这类客户是这样沟通的。我以招商加盟行业举例，其他行业类似。

电话销售人员：我看到您在咨询我们的项目，对吧？（电话一接通，以这样的方式开始）

客户：是啊！

电话销售人员：您对我们的项目了解吗？

客户：不是很了解，你介绍一下吧！

电话销售人员：这个项目……（开始做介绍）

客户：你们的加盟费是多少？（客户开始询问加盟费）

电话销售人员：我们的加盟费分为单店和代理，您是想做单店还是做代理？

客户：你都介绍一下吧！

电话销售人员：（分别进行详细介绍）……您看您要做哪种？（电话销售人员试图去了解客户）

客户：你们和其他同行相比，有什么特色？

电话销售人员：我们……（详细解释并陈述特色）

客户：你们在某某地方发展得怎么样？

电话销售人员：我们在某某地方的情况是……（给客户做解释）

客户：好的，我了解了，我考虑一下，再联系。

电话销售人员：最近过来考察，您还会享受到特别的优惠，我邀请您……（做客户邀约）

客户：我到时候再和你联系吧，再见。

然而，客户自此就失去了联系。

这样的沟通方式的核心问题是什么？阅读完本书，相信你能找到完整的答案。事实上，80%以上的电话销售人员都会出现的一种典型的错误的沟通行为是：被动回答客户的问题，客户问什么，电话销售人员就回答什么。这种沟通行为的问题是，在和客户互动的过程中，你不清楚以下几点。

● 客户是否已经下定决心要投资开店？

● 客户是否认同你的行业、你的品牌或你的项目？

● 客户是否认同你的加盟费等？

● 客户是否有明确的开店时间和计划等？

在沟通结束后，客户对你了如指掌，而你对客户却一无所知。这意味着你正在将客户拒之门外。

当你面临客户发问的时候，正确的沟通行为是：化被动为主动，从被动回答问题转变为主动询问问题。

怎么做呢？举个例子。

客户：你们的加盟费是多少？（客户开始询问加盟费）

电话销售人员：好的，我马上为您解答。是这样，加盟费和您的加盟方式有关，而最适合您的加盟方式，也会因为您所在地域、自身情况、您的期望的不同而不同。为了更快地为您解答，可否请问，我看您的来电号码归属地是广州，您是想在广州开店，还是在其他城市？

这就是正确的回应方式，即化被动为主动。

你能看到这里，说明你对我刚才讲的方法很可能是认同的，想必你对我接下来要介绍的内容已经产生了兴趣。但上述例子中介绍的应对方法，仅仅是本书中极小的一部分。

你是否想知道：这段回应的说话方式，背后的方法是什么？不同场景下应该如何实践这个方法？在实践这个方法的过程中，你经常会遇到的困难是什么，以及如何克服这些困难？

接下来请你全力以赴，参与到本书的学习中。

过去 20 年，我一直从事电话销售培训和绩效辅导工作，我的客户都称我为电话销售转化率专家。我在工作过程中不断总结经验，出版了 6 本和电话销售有关的畅销书。过去 16 年，让我最引以为豪的，是我所服务的客户。在 3 个月内，他们的业绩平均提升了 30% 以上。我期望，也相信，接下来我一定会为你做得更好。

## 4. 本书的内容框架是什么

本书围绕电话销售流程和电话销售人员的 24 个"痛点"展开，共分为 6 部分，每部分解决 4 个"痛点"，这样就形成了 24 章。

我期望你可以通过持续学习、巩固和实践，实现转化率和收入倍增。快点来学习吧！

# 目 录

# 第四部分 谈方案

# 第五部分 要承诺

# 第六部分　谨追踪

# 引言　唤醒电话销售魔力的 8 个转变

我从研究电话销售到现在，已经有 20 年了。如今，传统电话销售模式遇到了前所未有的挑战：

- 接通率越来越低；
- 秒挂率越来越高；
- 电话销售人员越来越难招聘；
- 电话销售成本越来越高；
- 人员流失率越来越高；
- 人员成长周期越来越长。

受到外部环境、沟通模式、内部管理、人员招聘等方面变化的影响，电话销售，到了必须重构的时刻。结合优秀电话销售企业的实践，我从以下 8 个方面介绍如何重构。这 8 个方面的转变，也为新的电话销售模式奠定了基础，也为本书奠定了基础。

1. 从推销到营销的转变。
2. 从筛选客户到精准电话销售的转变。
3. 从量大为王到转化率为王的转变。
4. 从人海战术到精兵强将的转变。
5. 从开发客户到维系客户的转变。
6. 从纯电话销售到社交电话销售的转变。
7. 从纯粹人工到人机合一的转变。
8. 从冷沟通到暖沟通的转变

### 1. 从推销到营销的转变

过去大部分企业所做的电话销售是电话推销，而非电话营销。"营"，重点是引流、推广、品牌。"销"，重点是沟通、说服、成交。

相对来讲，因为"营"的成本高、技术操作难度大，所以，很多企业，尤其是中小企业，在过去并不重视"营"。但现在单纯靠电话销售开发客户，困难很大。

很多电话销售人员都会问我一个问题："如何让客户不挂电话？""能不能把开场白设计得更好？如果能解决开场挂电话的问题，我们的业绩就会好很多。"这说明他们的思维还没有改变。

电话销售人员首先要转变思维，就是从"如何让客户不挂电话"转变为"如何吸引客户主动来找我谈生意"。

无论是对企业，还是对个人，"营"在前，"销"在后。企业通过营销活动，产生优质的销售线索（注册客户），才能充分发挥电话销售的优势，否则就会事倍功半。

### 2. 从筛选客户到精准电话销售的转变

过去很多电话销售人员每天的工作职责之一，是通过互联网搜索大量的客户名单，然后呼出大量的陌拜电话①，从中找到若干个意向客户。现在没有人愿意再去做这些辛苦而没有结果的工作了。

现在，客户资源一定要"精准"。我对"精准"有以下两种理解。

一方面，最佳的情况是企业的"营"做得好，电话销售人员拥有高质量的意向客户资源，如来电咨询、网站注册、地推活动、微信咨询等意向客户。

另一方面，即使不是精准的意向客户资源，也一定要是精准的目标客户，这样电话销售活动才能事半功倍。得益于大数据技术的发展，电话销

---

① 陌拜电话是指在双方互不了解的情况下的一种电话沟通方式，业务人员不经过预约就直接给陌生客户打电话。尽管现在还有不少电话销售人员使用这种方式，但它已经是一种被淘汰的电话销售模式了。

售型企业可以轻松地拥有更精准的客户数据，电话销售人员避免了把大量的时间浪费在搜索客户上。

### 3. 从量大为王到转化率为王的转变

过去，因为意向客户容易拓展，谁的电话量大，谁的意向客户就多，谁的业绩也就越高。但现在随着电话销售模式的转变，客户资源越来越精准意味着客户资源越来越稀缺，潜在客户的获取成本越来越高。

在这种背景下，转化率变得越来越重要。换句话说，在兼顾电话量的同时，更强调电话销售转化率。

### 4. 从人海战术到精兵强将的转变

过去电话销售团队强调人海战术，规模至上。但现在，电话销售人员招聘越来越难，成本越来越高，大部分企业不太可能持续承担高工资、高流动率、低产能的电话销售团队。同时，随着潜在客户的获取成本越来越高，对企业而言，构建小而美、高产出的精英电话销售团队成了趋势。而构建精英电话销售团队，更离不开持续的人才培养。

### 5. 从开发客户到维系客户的转变

新客户开发越来越难，而老客户流失却越来越容易。在这种情况下，加强服务和维护，让客户拥有更好的服务体验，降低老客户流失率，增强老客户复购率、续约率、推荐率，就比开发新客户重要得多。

所以，如今的电话销售模式强调以客户为中心，即服务导向、关系导向、渗透导向。

### 6. 从纯电话销售到社交电话销售的转变

过去电话销售模式大部分是纯电话销售，但现在，网络沟通（微信、QQ、脉脉、钉钉等）被越来越多的客户所接受。电话销售人员借助社交平台将更容易和客户接触并建立信任关系。

这就形成借助微信、脉脉、领英、微博等社交平台拓展客户、建立信任，同时借助电话深入沟通、轻松成交的复合型电话销售沟通模式。

## 7. 从纯粹人工到人机合一的转变

过去电话销售人员基本靠个人力量与客户沟通，但现在随着人工智能、大数据、小程序等技术的发展，有助于电话销售人员提高工作效率的众多工具诞生了，如客户搜索查询平台、线索挖掘工具、智能语音机器人、微信小名片、微信管理系统等，都在为电话销售团队赋能。

需要补充说明的是，我不建议用智能语音机器人替代人工进行大量外呼来筛选潜在客户，因为这会加剧对客户的骚扰，也不符合时代发展的趋势。但如果你借助语音智能机器人做老客户回访、引流注册客户（虽然网络营销引流而来的客户基本是精准的，但也会有不少无效客户）的再次筛选，确实会提高效率。

人机合一的时代，电话销售人员必须借助科技的力量来提高电话销售效率。

## 8. 从冷沟通到暖沟通的转变

冷沟通，就是过去传统的陌拜电话销售。暖沟通，就是在给客户打电话之前，你已经和客户建立了初步关系，客户知道你的存在，这里的"你"包括你的公司、你的产品和你本人。

对于冷沟通来说，拒接率和秒挂率都非常高。但暖沟通则完全不同，客户和电话销售人员都容易接受。暖沟通的方式有很多，例如，客户注册而来、通过社交平台开发而来、在打电话沟通前先通过微信或脉脉预热等，都属于暖沟通。

电话销售模式的转变，自然带来电话销售思维和方法的改变，而本书的出发点，就是围绕这8个转变，介绍提高电话销售转化率的方法。

# 第一部分

---

## 善准备

俗话说，不打无准备之仗。无论你是要赢得合作，还是要确保每一次沟通的成功，充分的准备都必不可少。

本部分包括以下 4 个话题。

- 天道酬勤，是对还是错？
- 如何管控销售进程，缩短成交周期？
- 如何知彼知己，快速建立信任？
- 如何通过有效准备提高转化率？

# 第 1 章　天道酬勤，是对还是错

大部分电话销售人员心中都有一个痛：明明自己很勤奋、很努力，但业绩和转化率很低。不都说天道酬勤吗？难道错了？

我曾经遇到不少电话销售人员，他们非常勤奋、努力，别人每天打100个电话，他们却要打150个电话；别人每天通话时长120分钟，他们的通话时长则长达180分钟；别人每天晚上8点就离开了办公室，他们却经常晚上10点才离开。但是，他们的努力、勤奋、执着，却没有为他们带来期望的收入，带来的却只是无尽的失落、挫败和痛苦。结果是越勤奋越失望，甚至不少电话销售人员带着屈辱的感觉、失败的印记、痛苦的回忆，离开了这个岗位。

他们的一举一动深深地震撼我的同时，我也为他们感到惋惜，甚至是感到难过。

我期望你一定要充分重视以下两个问题。

● 你和销售冠军都付出了很多时间和精力，你甚至付出更多，为什么回报却相差甚远？

● 如果你能找到问题所在，让你的付出带来更多的回报，这对你会有什么帮助？

为了解决上述问题，你需要了解电话销售业绩的 4 个来源：

● 精神力量的 2 个源泉；

● 清晰界定精准目标客户；

● 电话销售方法的 6 个关键步骤；

● 提高时间效率的 6 个习惯。

期望学习完本章内容，你能够回答：天道酬勤，是对还是错？

## 电话销售业绩的 4 个来源

做电话销售，你需要知道你的业绩和收入到底是怎么来的。

过去 20 年，在总结了至少 1 000 名各个行业电话销售冠军的成功经验后，我将他们的高转化率、高收入归功于以下 4 个方面：

P（Power）：力量，强大的内在精神力量；

C（Customers）：客户，精准的目标客户；

M（Methods）：方法，正确的电话销售方法；

N（Numbers）：数量，和客户有效互动的次数。

总结一句话：你的高产出，是你内在强大的精神力量和精准的目标客户，以正确的方法，高效率互动的结果。

接下来，我们来看看我过去的一些学生（他们都是优秀的电话销售冠军，也都是具有典型烙印的电话销售人员，也许你也是这样，或者你一定也可以在你的团队中看到他们的影子）对这个问题的看法，并告诉你电话销售的真相和关键。

## 精神力量的 2 个源泉

### 为什么她能够连续 3 年成为公司的电话销售冠军

我的一位学员，她 8 年前学习我的电话销售课程，之后到了新公司工作，她所在的团队有 100 多人，她连续 3 年成为这家公司的电话销售冠军。我对她进行了采访。

我：你们公司有 100 多人，他们都是非常优秀的人才，为什么你能够连续 3 年成为电话销售冠军？

她：因为 3 个"喜欢"，即我喜欢和难缠的客户打交道，我喜欢和客户沟通，我喜欢钱。

我：你喜欢和难缠的客户打交道，动力是什么？

她：因为与这样的客户成交让我很有成就感。

我：成就感，对吧？你喜欢和客户沟通，动力是什么？

她：我们的客户都是创业者、管理者，与这样的客户沟通可以学习到更多的东西。

我：学习力，对吧？钱呢？是想有更多的钱花，还是家里需要你的支持？

她：两者都有吧，我喜欢银行卡的数字不断增加的感觉，说实在的，有了钱，可以随心所欲买自己喜欢的东西，去自己想去的地方旅游，可以和自己喜欢的人在一起，多好啊！

我：还有其他的成功经验或方法吗？

她：谈到方法，我用的就是您之前教给我的方法。

我：好，谢谢你。

从她的分享中，你觉得她为什么能连续 3 年成为公司的销售冠军？

因为她具有强大的内在精神力量，这就是电话销售人员业绩的来源之本——力量，强大的内在精神力量。

方法、技巧和知识固然重要，但是内在的强大的精神力量是前提。

## 1. 内在决定外在

你所关心的所有外在的东西，业绩、收入、汽车、房产、婚姻、爱人、朋友等，都由内在精神力量，通过和另一股精神力量（人），互动转化而来。

如果缺乏内在精神力量，每天不停地打电话，无论如何努力，通话量如何高，时长如何长，你也转化不出任何你想要的业绩。

你一入职，你的经理可能告诉过你，只要勤奋打电话、努力拜访客户，你的业绩一定不会差。你的经理可能还给你列出了一串数字，告诉你电话销售是数字游戏，多少个电话可以产出一个客户，多少个电话可以成交一单。但事实上当你照做的时候，结果却并非如此。

是流传了数千年的"天道酬勤"错了吗？是你业绩卓越、经验丰富的经理错了吗？他们当然没有错，只是，他们没有告诉你另一面：天道酬勤，奖励的是具有内在力量的勤，而不仅仅指活动量。

你所有的外在物质财富，都由内在精神力量，通过和外界的互动转换而来。

### 2. 精神力量来源于渴望和相信的和谐统一

既然内在精神力量决定你的外在业绩，那么，内在精神力量从何而来？

我采访过很多电话销售冠军：为什么你能成为冠军？在他们的回答中，有两个词惊人的一致：渴望和相信。

一方面，当电话销售人员内心真正充满渴望的时候，他自然会去打电话、学习、找方法。我曾经说过一句话：不会做等于不想做。

另一方面，很多电话销售人员内心充满渴望，但毫不动摇地相信，却是很多电话销售人员所缺乏的。

渴望和相信，是精神力量的源泉。头脑中强烈的渴望和内心坚定的信念共同激发了强大的精神力量。

## 清晰界定精准目标客户

### 作为新人，她为什么短短两个月成交 14 单

我的另一位学员负责加盟项目的电话销售工作，短短两个月就成交了 14 单，我很佩服。在招商加盟行业里，这个业绩谈不上最优秀，但是，她是一位对行业、公司和客户几乎一无所知的新员工，我认为这很不简单。

她说："开始的时候，我也没有经验，在成交 5 单后，我注意到一个规律，这 5 个成交客户都是初次创业者。后来，我就把精力和时间放在了初次创业者身上。如果我了解到客户不是初次创业者，我就慢慢维系着，客户主动我也主动，客户不主动，我也不去推动。但如果我了解到客户是初次创业者，我就会非常用心地主动去服务和维系他们。"

她为什么能够在短短两个月之内成交 14 单？因为她选择了正确的客户。

这就是电话销售业绩来源之———精准的目标客户。

### 人人都是客户，但未必都是你的客户

什么是目标客户？就是最适合你和你项目 / 产品的细分客户群体，或者你的产品 / 项目，专门就是为这类细分客户设计的。你、你的公司、你的项目、你的产品，共同形成了一个解决方案，这个解决方案和目标客户的需求的匹配度越高，你赢得目标客户的机会就越大。

为了提高转化率，你必须选择最适合你的目标客户，这样你投入的时间和精力才会带来最大的产出。如果你跟进的目标错了，无论你怎么努力，实现目标的可能性也会低很多。

你一定牢牢记住这个观点：人人都是客户，但未必都是你的客户。

### 明确你的目标客户画像

目标客户画像越清晰，你就越容易找准目标客户。你不妨问问自己以下这些问题。

- 你的项目 / 产品是针对什么样的客户设计的？为什么？
- 什么样的客户最适合目前这个项目？为什么？
- 这些客户都有什么具体特征？
- 过去为你的公司带来高转化率的客户都有什么具体特征？
- 过去为你自己带来高转化率的客户都有什么具体特征？

明确目标客户画像的具体特征，往往包括但不限于行业、地域、注册资本、员工数量、销售额、融资、工作岗位等。在明确这些特征后，通过大数据线索挖掘平台，你可以非常简单、轻松地在上千万家企业中，找出你的精准目标客户。

当然，不同行业会有很大差异，但无论差异多大，你都需要通过客户的一些具体特征，形成你的客户画像，进而锁定目标客户。

以招商加盟行业举例，你可以通过以下关键特征，来清晰定义你的目标客户：年龄、职业、地域、投资经验、行业经验、开店经验。经过你的分析后，你发现与你或你的公司合作的大部分客户的特征是：年龄18~28岁，学生、白领或打工者，地域主要分布在二线、三线、四线城市，没有投资经验、行业经验及开店经验的初次创业者。

这就是你的目标客户画像。遇到这样的客户一定要充分重视、重点跟进，因为他们才是真正适合你的目标客户。

以我提供的定制化培训服务举例，目标客户画像如下。

- 从情况讲：电话销售型企业，团队规模30人以上，所属行业不限（重点考虑招商加盟、教育、互联网、汽车、房地产、IT、高科技、AI大数据行业，以及企业服务，如财税服务、人力服务等行业）、行业地位不限（重点考虑行业前10名企业）。
- 从需求讲：以电话销售核心骨干培养、内训师和管理者培养为目标，强调落地转化，有人才复制和扩张计划并期望长期合作，有这些需求的客户优先考虑。

当客户找我谈合作的时候，我在初步了解后，如果客户符合我的目标客户画像，我就会更加重视。

## 要懂得放弃

对于非目标客户，电话销售人员要懂得放弃。放弃一些不适合你的，将精力集中在适合你的客户身上，才能事半功倍。我曾经为一家公司的电话销售管理者进行培训，他们问了我一个问题："如果电话销售人员挑选客户，怎么办？例如，在进行电话沟通的时候，电话销售人员认为成功获取客户的概率不大，就不再主动向客户介绍了。但公司要求，电话销售人员必须为客户做介绍。怎么办？"

事实上，如果电话销售人员的判断是准确的，我支持电话销售人员。如果明知道这些客户的成交率低，为什么还要浪费时间在这些客户身上？利用节省下来的时间好好跟进真正匹配的客户，岂不更好？当然，前提是判断一定要准确。

很多电话销售人员不舍得放弃已经联系了很久的客户，但你要知道，有所失才会有所得。

我所说的放弃，是指放弃不适合你的客户。但你要想持续获得业务，千万不能放弃一件事：意向客户（目标客户）的开发。如果你放弃了不适合你的客户，但又荒废了意向客户的开发，那么你很快就会发现你没有客户可以跟进了。

意向客户的开发是你每天必须要做的一件事，这样你才能像盘活资产一样，盘活你的客户，有客户流出，有客户流入，始终保持你手中的客户处于活跃状态。

总之，你需要放弃不适合你的客户，但你千万不能放弃意向客户的开发。

## 电话销售方法的 6 个关键步骤

### 她为什么可以成为电话销售冠军

电话销售新人训练营结束后，她就做了一件与众不同的事情。她仔细倾听了公司过去一年，每个月的电话销售冠军的录音后，选择了其中的一位电话销售冠军，拜她为师，向她学习。1 个月以后，她就成了这批新员工的电话销售冠军；3 个月后，她就成了经理团队的电话销售冠军；1 年以后，她就成了总监团队的电话销售冠军。

为什么她能持续进步？因为她总是在寻找正确的销售方法。

这就是电话销售业绩的来源之一——正确的电话销售方法。

事实上，电话销售人员在寻求能力突破、业绩突破、收入突破的过程中，在不断成长为电话销售冠军的过程中，毫无例外，都接受了本书提及的系统的电话销售方法论的训练。

- 善准备，如何理清思路、知己知彼、明确目标？
- 抓开场，如何避免秒挂、吸引客户、引发互动？
- 挖需求，如何深入探询、构建优势、激发渴望？
- 谈方案，如何塑造价值、解决异议、得到认可？
- 要承诺，如何把握机会、获得承诺、促使行动？
- 谨追踪，如何跟进成交、促进复购、获得推荐？

## 提高时间效率的 6 个习惯

电话销售人员为了实现与客户有效互动，除了运用正确的沟通方法外，时间管理也很重要。下面列出了提高时间效率的 6 个习惯：

- 每天用 20 分钟制订第二天的目标和计划；
- 同一类电话在同一时间段内打；
- 以小时为单位制定并管控目标；
- 目标视觉化；
- 充分利用黄金时间打电话；
- 充分利用碎片化时间学习。

上述 6 个习惯需要你持续培养并坚持下去。

综上所述，高产出是内在强大的精神力量和精准的目标客户，以正确的方法，高效率互动的结果。

# 第 2 章　如何管控销售进程，缩短成交周期

电话销售人员心中的痛：和客户的沟通太被动，没有办法引导客户快速走到下一步，进而导致成交周期太长。

请你充分重视以下两个问题。

- 成交周期越长，丢单率就越高；同时，为了一份订单而投入的精力和时间越多，就意味着获得同样的订单，你的付出一定会比成交周期短的同事要多，这对转化率的提升和收入的增加有什么影响？
- 如果你能更好地带领客户走向下一步，在你的管控之下，销售进程有秩序地推进且成交周期短，这对转化率的提升和收入的增加有什么帮助？

什么原因导致你无法引导客户走到下一步？我们看一个案例场景。

客户注册并咨询你的项目 / 产品，你回访的时候，客户在电话里问了很多问题，你也为客户做了非常全面细致的解答，解答完以后，假设你有两种做法：

- 直接进入邀约环节，邀请客户到总部参观考察；
- 添加客户为微信好友，给客户发送项目资料让客户进一步了解，双方再约时间沟通。

上述场景是电话销售人员在日常邀约和销售过程中最常见的场景，上述两种做法中，电话销售人员可能存在的问题是什么？

核心问题就是对客户的进程缺乏管控和层层推进，需要加快节奏、快速推进的时候，电话销售人员却慢了下来；需要放慢节奏、逐步推进的时候，电话销售人员却加快了速度。

导致这个问题的另一个原因是，电话销售人员自己也不清楚客户现在

所处的阶段以及下一步要做什么。

如果你清楚成交流程，并且能根据客户所处的状态决定下一步需要做什么，说明你有清晰的销售里程碑思维。

管控销售进程、主动引导客户、缩短成交周期，你需要理解并掌握以下内容：

● 理解销售里程碑；
● 设计销售里程碑的 4 个要点及具体应用；
● 形成你的销售里程碑。

## 理解销售里程碑

道路旁边刻有数字的固定标志就是里程碑，它给了你清晰的指引。这些里程碑通常每隔一段路便设立一个，目的是向你展示你现在所处的位置，以及你到达目的地的距离。设想，在驾驶的过程中，如果没有里程碑的指引，会发生什么事情？

### 销售里程碑是带有数字的进程标志

为了更顺利、更快速地与客户成交，你也需要销售里程碑的指引。那么，什么是销售里程碑？销售里程碑可以这样定义：在引领客户走向成交的道路上，有一些带有数字的进程标志，这些进程标志就是销售里程碑。其中"进程标志"代表客户所处的购买阶段，"带有数字"代表该阶段客户的成交转化率。

### 5 个关键的转化节点

销售里程碑通常围绕客户的心理决策活动，每一个关键的决策节点设立一个销售里程碑，以提示销售人员客户目前所处的阶段以及离成交还有多远。

回想一下你最近购买的一件商品，你是怎么做决策的？客户的购买决策过程，一般会经历 5 个典型的关键里程碑（可以理解为道路上的岔口，即面临选择）：

1. 认同个人；

2. 认同行业／公司／品牌；

3. 认同项目／方案和产品；

4. 认同价格；

5. 认同时间。

第一，客户只有先认同了你个人，才会更愿意初步和你进行互动交流。

第二，客户认同了你的品牌，才有可能和你进行更多的互动，将他的情况、需求和顾虑和你进行深入沟通。

第三，经过你的介绍和价值塑造，他在接受了你的公司、品牌、项目、产品后，才会认真考虑价格、后期成本等相关因素。

第四，接受了你的价值回报塑造，客户才会考虑什么时间与你合作、什么时间付款等事项。

第五，经过你的持续推动，你与客户在时间上达成了共识，客户最终付款购买。

这 5 个转化节点原则上顺序不变，但在具体实践中也会有例外。例如，如果你的公司品牌影响力很强，客户有可能先认同的是公司品牌，之后才是你个人。

综上所述，关键的销售里程碑就是认同个人、认同品牌、认同产品、认同价格及认同时间。

### 7 个典型的进程标志

围绕这 5 个关键的销售里程碑，一般会有 7 个典型的进程标志和转化率（我们将认同公司品牌和认同产品合并在一起，称其为认同方案），如表 2-1 所示。

表 2-1　进程标志

| 等级 | 进程标志 | 转化率 | 阶段定义描述 |
|---|---|---|---|
| 0 | 目标客户 | 0% | 符合目标客户的特征 |
| 1 | 初步意向 | 10% | 客户有购买的初步想法 |
| 2 | 明确需求 | 25% | 客户有明确的需求，你清楚客户的具体期望 |
| 3 | 认可方案 | 50% | 客户明确表示认可你的公司、项目 / 方案、产品 |
| 4 | 认可价格 | 75% | 客户认可价格 |
| 5 | 认可时间 | 90% | 确定合作时间，达成口头承诺，或者收到定金 |
| 6 | 成交合作 | 100% | 收到客户付款 |

道路上的里程碑对驾驶员到达目的地具有绝对的指引作用，那么，销售里程碑对销售行为是否也一定具有绝对的指引作用？期望如此，但答案往往是否定的。

为什么？我接下来和你聊聊设计销售里程碑的 4 个要点。

## 设计销售里程碑的 4 个要点及具体应用

我发现绝大多数的销售里程碑对电话销售人员都不具有实际的指导意义，因为它们缺乏道路上的里程碑的要素。

我们先来看一下道路标志牌和销售里程碑的差异（见表 2-2）。

表 2-2　道路标志牌和销售里程碑的差异

| 道路标志牌 | 销售里程碑 |
| --- | --- |
| 可观察，只要你留意，一定可以观察到标志牌 | 很难观察，你难以随时知道客户的想法和进度 |
| 标志牌展示的地名一定是存在的 | 销售里程碑代表的客户行为未必一定会发生 |
| 可评判，你可以确定你有没有到达某个里程碑 | 很难评判，缺乏评判客户的标准 |
| 可指引，它告诉你下一步需要到哪里 | 销售里程碑也应当具有可指引性 |

路上的里程碑对驾驶者具有指引作用，因为它们具有 4 个特性——可观察、定发生、可评判、可指引。

### 1. 销售里程碑要能让电话销售人员观察到、感受到

客户现在处于哪个阶段？电话销售人员首先要能够观察到。电话销售人员更多的是通过客户的 3 种行为（客户做了什么、客户说了什么、客户问了什么）来观察和了解客户的。

### 2. 销售里程碑是客户购买过程中一定会发生的关键事件

你需要提炼客户在购买过程中一定会发生，或者发生的可能性很大的关键事件，作为销售里程碑的一部分。一般包括客户为了与你合作，一定要做的、要说的、要问的事件。你需要提炼客户购买过程中的关键行为特征。

### 3. 销售里程碑具有客观的评价标准

当你依据销售里程碑来判断客户所在位置的时候，最容易面临的一个问题就是：同样一位客户，不同的电话销售人员对客户所在位置的判断往往不一样，这通常会导致你下一步行为的错误，就像在三岔路口走错了路。

导致判断错误的主要原因往往是你缺乏客观标准和判断依据，你更多

的是依靠个人的感觉在判断。你需要找到和客户所说的相符合的客观证据，才能做出准确的判断。你会找什么客观证据？以招商加盟为例。

- 他都做了什么来表明他真的有兴趣？他真的想加盟？真的想购买？
- 他有没有配合你完成客户信息表？
- 他有没有配合你完成进一步的需求调研？
- 他有没有告诉你，他的具体需求和需求的动机？
- 他有没有配合你去完成周边市场的考察？
- 他有没有到总部来参观考察？

为了让判断更加准确，你一定要找到你的判断依据，你要借助客观事实来进行判断，而不是个人的感觉，或者仅听客户的一面之词。客观的评价标准当然也来自于客户做了什么、问了什么、说了什么。其中，最重要的是客户做了什么。

客户做的和客户说的要有一致性。客户说什么不重要，重要的是做了什么。这句话也适合生活中的其他场景。

### 4. 销售里程碑要能够指引电话销售人员的下一步行动

道路上的里程碑可以指引你接下来该怎么走。销售里程碑也给了你清晰的指引。如果客户现在的阶段是初步需求，你的下一步就是要明确需求；如果客户现在的阶段是明确需求，你的下一步就是要取得客户对产品的认同；如果客户现在的阶段是认同产品，你的下一步就是要取得客户对价格的认同；如果客户现在的阶段是认同价格，你的下一步就是要取得客户对时间的认同。

#### 关键里程碑和小里程碑

如何走向下一个里程碑？关键的里程碑之间是具体的小里程碑。客户的具体行为就是小里程碑。若干个小里程碑的完成标志着关键里程碑的到达。

小里程碑的目的是给电话销售人员更清晰、更具体的指引。电话销售人员要注意两点。

- 注意客户主动行为中哪些是小里程碑行为，关注这些行为并深入探讨这些行为。例如，客户主动询问项目信息，这就是客户主动提及的小里程碑事件。
- 如果客户没有主动提及小里程碑事件，那么电话销售人员就要主动让小里程碑事件发生。例如，客户已经认同产品了，但却不主动提及价格，你就需要主动引导客户提及价格。

综上所述，为了让你的销售里程碑对销售具有实际的指导意义，你需要让你的销售里程碑符合上述 4 点。

**4 个要点的具体应用**

围绕以上 4 个要点，我们来看它们的具体应用。

**客户在不同阶段的行为特征**

提炼客户一定会发生的关键事件，将客户行为融入每个里程碑中，这些具体的行为就是小里程碑（见表 2-3）。

表 2-3 客户在不同阶段的行为特征

| 等级 | 概率 | 里程碑 | 阶段描述 | 客户关键行为特征 / 一定会发生的关键事件 |
|---|---|---|---|---|
| 0 | 0% | 目标客户 | 目标客户 | 符合目标客户特征，可能还没有直接接触 |
| 1 | 10% | 意向客户 | 客户有购买的初步想法 | 在经过两次接触后，还可以继续沟通并约定再次沟通的具体时间 |
| 2 | 25% | 表达需求 | 客户表达了需求及动机 | 客户告诉你他的情况、需求 |
| | | | | 有急迫动机的需求 |
| | | | | 与客户约定了具体的沟通时间 |

（续表）

| 等级 | 概率 | 里程碑 | 阶段描述 | 客户关键行为特征 / 一定会发生的关键事件 |
|---|---|---|---|---|
| 3 | 50% | 认可产品 | 客户表达了更具体的需求，认可了产品和服务 | 客户表达了更具体的需求 |
| | | | | 客户对项目提出疑问 |
| | | | | 客户与其他投资 / 项目 / 产品做比较 |
| | | | | 客户明确了决策日期 / 决策流程 |
| | | | | 客户对各种费用并没有明显的异议 |
| | | | | 客户明确表示你的项目适合他 |
| | | | | 客户主动承诺在具体的时间再沟通 |
| 4 | 75% | 认可价格 | 客户已经认可价格 | 客户明确表明价格可以接受 |
| | | | | 客户咨询付款合同等细节，如付款时间、方式、发票、账号、流程 |
| | | | | 确定下次沟通的具体时间 |
| 5 | 90% | 认可时间 | 客户口头承诺付款时间 | 客户对后期的服务及担心提出疑问 |
| | | | | 客户就细节问题进行最后确认，如付款流程、银行账号等 |
| | | | | 确定后续工作和考察时间 |
| 6 | 100% | 成交合作 | 收到客户汇款 | 客户汇款 |

你需要结合你所从事的行业的特征来提炼客户的具体行为，并融入关键里程碑中。

**销售里程碑要具有客观的、可观察的评价标准**

你的销售里程碑需要具备客观的、可观察的评价标准，即客户行为，也就是客户做了什么。客户做了什么往往也可以理解为，客户为了双方的合作都认可过什么，如客户签字确认过的事项。

我基于和客户达成共识的"成果"来确认客户是否已经到达了某一个关键里程碑（见表 2-4）。

表 2-4 与客户达成共识的事项

| 阶段 | 里程碑 | 判定标准 | 成果 / 附件 |
|---|---|---|---|
| 10% | 初步意向 | ☐ 客户相关受益者<br>☐ 关注点<br>☐ 明确下一步计划 | ☐ 执行计划<br>☐ 调查问卷 |
| 25% | 需求明确 | ☐ 高层的关注点 / 愿景 / 评价标准<br>☐ 调研 / 需求总结报告<br>☐ 后续执行计划（和高层沟通） | ☐ 高层 / 需求调研会议<br>☐ 修正的执行计划表<br>☐ 认可的需求总结报告 |
| 50% | 认可产品 | ☐ 项目实施方案、成功案例、执行计划<br>☐ 客户认可差异化价值并继续沟通 | ☐ 认可的项目方案 |
| 75% | 认可价格 | ☐ 探讨价格和合作细节 | ☐ 认可的协议书 |
| 90% | 认可时间 | ☐ 确定时间，启动商务流程 | ☐ 确定时间的邮件 / 信函 |
| 100% | 合作成交 | ☐ 签字、盖章的协议书 | ☐ 签字、盖章的协议书 |

为了进一步提高销售里程碑对你的指导作用，这些关键行为和客观标准最好能固化在你的客户关系管理系统中，成为标准选择项。这样电话销售人员可以很容易知道以下几点：

● 自己的某一个项目处于什么阶段；

● 在这个阶段还有哪些小里程碑（客户行为）没有完成；

● 下一步做些什么才能到达下一个里程碑；

● 需要提交什么资料来判定客户已经到达了某一里程碑。

## 形成你的销售里程碑

不同行业的销售里程碑及判定标准的差异很大，你需要结合本节介绍的关键点形成你的销售里程碑。

我曾为招商加盟行业的一位客户设计了销售里程碑，供你参考，如表 2-5 所示。

表 2-5 销售里程碑示例

| 分类 | 转化率 | 客户沟通行为 | 主要行动 | 客观标准 / 成果 |
|---|---|---|---|---|
| D | 20% | · 愿意交流<br>· 提供相关个人信息<br>· 不排斥休闲行业<br>· 留下更多的联系方式 | 接收并查看资料 /<br>网站 / 视频 | 客户信息表 |
| C | 50% | · 深度沟通需求<br>· 针对行业、品牌、项目展开<br>交流<br>· 表达各种顾虑 | · 考察当地市场<br>· 看店、与代理商<br>沟通 | 项目认同表 |
| B | 80% | · 针对合同、加盟细节进行深<br>度沟通 | · 前往总部考察<br>· PPT 演示 | 考察申请表 |
| A | 100% | 签约 | 付款 | 付款 / 培训 |

其中，3 张表代表着 3 个关键的里程碑。

## 1. 客户信息表

客户信息表包括客户的基本信息及开店信息，如客户性别、年龄、职业、家庭情况、开店城市、开店商圈、需求阶段、开店时间、投资理念、投资能力、资金来源、创业经历、投资经历、经营模式、性格特点等。如果客户愿意告诉你这些信息，说明客户对你是认同的。

能完成客户信息表说明客户到达了第一个里程碑，其属于 D 类客户。当然，我并不是说你需要了解所有的信息才表明客户是认同的。你需要在客户信息表中确定几个必须获得的关键信息。这实际上是在告诉电话销售人员，其需要获得什么关键信息。

## 2. 项目认同表

完成项目认同表的目的是判断客户对项目的认同程度。你需要寻找一些客户的具体行为来判断客户对该项目是否认同。你需要明确以下几点。

● 客户急迫动机的需求是什么？

● 客户具体的需求是什么？

- 客户项目资金目前的情况怎么样？
- 客户是否对你的项目询问各种细节？
- 客户是否表达各种顾虑？
- 客户是否拿你的项目和其他项目做比较？
- 客户是否对你的品牌进行了全面的了解？
- 客户是否对你的项目进行了全面的了解？
- 客户是否对你的产品进行了全面的了解？
- 客户是否对你的项目及产品表达了一种认同？

如果上述这些你都是确定的，那就表明客户现在不仅需求，而且还认同你的项目，你也就完成了项目认同表。

### 3. 考察申请表

有多少人会来考察？什么时候来？如何接待客户？如果已经确定这些事项，客户来的可能性就会非常高。

总之，客户信息表、项目认同表、考察申请表是招商顾问一定要使用，而且一定要持续优化的表。用好这 3 张表，你能更清晰地管控进程、缩短成交周期。

# 第3章　如何知彼知己，快速建立信任

电话销售人员心中都有一个痛：无法快速取得意向客户的信任，每次沟通的技巧千篇一律，难以让客户信服。

导致这个问题的原因之一是电话销售人员的专业度不够，既不了解自己，也不了解竞争，更不了解客户。如何知彼知己，快速建立信任，从而提高转化率？

## 了解自己的 15 个评估项

**测试**

你对你和客户的沟通现状是如何评估的？请从以下 3 个选项中，选择 1 个。

- 运用公司的标准沟通技巧，进行标准的说服性销售，能不能讲完该说的话，是衡量你沟通能力的关键标准之一。
- 能结合客户的不同情况和初步需求，清楚陈述项目和产品是如何满足客户并给客户带来价值的。
- 能结合客户的不同情况和需求与客户探讨项目成功的关键注意事项，并且能给客户提出超出其预期的建议，取得客户信任。同时，能帮助客户做出正确的选择。

以下 3 个方面的 15 个评估项将帮助你更好地了解自己。

### 1. 了解你的行业

我以餐饮招商加盟为例做个测试，衡量你对该行业的了解程度。

（1）知道你所在行业（餐饮行业）的发展趋势和业态形式、专业术语。

（2）能够从城市、商圈、店铺、品类、品牌、消费频率、客单区间、消费者口碑、供应链等角度，与客户进行探讨和交流。

（3）针对不同客户的基本情况，如城市、商圈、年龄、职业、创业经历等，探讨投资开店的 3 个关键因素及 3 个要避免的关键点。

（4）知道行业的独特差异化 / 特色。

（5）知道行业的独特差异化 / 特色能满足哪些客户需求。

## 2. 了解你的公司

你是否了解关于你公司的以下信息？

（1）品牌故事、历史大事件、人员规模、加盟商数量及市场占比。

（2）公司的独特优势以及可以满足哪些客户需求。

## 3. 了解你的项目（产品）

你对产品和项目的了解程度如何？

（1）知道公司、项目、产品的独特差异化 / 特色。

（2）知道公司、项目、产品的独特差异化 / 特色能满足哪些客户需求。

（3）可以熟练地解释，差异化是如何为客户创造价值的。

（4）可以列出差异化与客户的问题、需求之间的关联。

（5）从客户情况入手，提出客户可能会遇到的 3 个问题。

（6）从问题入手，提出产生问题的 3 个可能的根源。

（7）从根源入手，提出解决问题的 3 种可能的方法。

（8）针对客户的不同需求（投资额、回报周期、回报率、流量、复购率、风险、复制、城市、商圈等），知道项目 / 产品是如何满足客户需求的。

## 了解对手的 5 个评估项

关于竞争对手，你是否了解以下信息？

- 你的竞争对手都有哪些（行业竞争、品牌竞争、产品竞争）？
- 知道不同行业、公司、项目、产品的优势。
- 知道客户会以哪些竞争对手的优势来拒绝与你合作。
- 知道如何应对这些拒绝。
- 知道不同行业、公司、项目及产品的不足。

## 了解客户的 1 个评估项

### 了解客户的心理需求

所谓心理需求，就是普遍意义上，想与你合作的客户都会有的需求。例如，我做电话销售团队的培训和辅导，大部分客户的心理需求是：能带来业绩变化、能提高转化率、培训能落地转化为能力、内容和方法要简单易用、方法要系统且利于复制，等等。如果再细化一点，不同职位的心理需求往往也会有差异。

知道客户的心理需对你和客户互动、快速建立信任是具有决定意义的。所以，在沟通前，你需要知道客户的心理需求都有哪些。

投资 / 创业 / 开店的基本心理需求，可能包括但不限于以下几点。

- 投入：加盟费、店面、人工、运营、固定投入、变动投入。
- 回报：速度、金额、回报率。
- 时间：少花时间。
- 精力：少花精力。
- 风险：低风险（经营风险、人员风险等）。
- 未来：持续盈利能力。

在线教育的基本心理需求，可能包括但不限于以下几点。

- 学习动机：应试成绩、口语、留学。
- 学习效果：口语或应试成绩。
- 老师规范：耐心、教育水平、口语表达等。
- 课程设计：能吸引小朋友、提高学习主动性。
- 学习内容：兼顾学校学习。
- 退款机制：降低购买风险。
- 扣费和学习方式：灵活。

了解客户就是洞悉客户的心理需求，进一步细化客户的心理需求以及明确不同类型客户的心理需求。

# 第4章 如何通过有效准备提高转化率

90%以上的电话销售人员都有一个痛:每次沟通不是一开始就被挂机,就是很快结束,有时候手足无措,不知道如何应对,沟通的结果总是让人难过。

来看几个典型场景。

## 场景1

电话销售人员:近期是否有考虑?

客户:没有考虑。

电话销售人员:好的,再见。

## 场景2

电话销售人员:要不您了解一下?

客户:有需要的时候再联系。

电话销售人员:好的,等您电话。

## 场景3

电话销售人员:请问您的预算是多少?

客户:为什么要问这个问题?

电话销售人员:哦……

## 场景4

电话销售人员:您的意见呢?

客户:价格还是太贵了。

电话销售人员:哦,要不您再考虑一下,我们再联系。

这些场景你一定不陌生。50% 以上的被拒绝、仓促地结束通话、没有办法达成你要的结果，往往都和准备不充分有非常大的关系。你因为准备不充分而导致沟通不顺畅，这对你的转化率和收入有什么影响？如果你的准备工作很充分，沟通效果很好，那么这对你的转化率和收入又会有什么帮助？

在每次沟通前，你必须准备以下 4 点：

● 沟通前了解客户；

● 明确沟通的目的；

● 为沟通设定正确的目标；

● 预估困难并做好预案。

## 沟通前了解客户

上一章，我介绍了了解客户的心理需求的重要性。这一章将介绍，在与客户沟通前，为了提高转化率，你必须了解客户。你对客户了解得越多，就越容易找到与客户建立关系的机会，也会更精准地判断客户的需求，进而取得客户的信任。

电话销售，细节为王。那么，在电话沟通前，你都需要了解什么？如何运用了解到的信息？

现在很多电话销售的客户资源，都是通过互联网引流而来的。我以此举例，为你介绍如何充分利用信息，进行高质量的准备。

### 1. 通过注册信息了解客户

如表 4-1 所示，通过客户注册信息，你通常能了解到：

● 手机号码；

● 留言时间；

- 留言的 IP 地址;

- 号码归属地;

- 渠道来源;

- 搜索关键字。

表 4-1  注册信息的内容及作用

| 注册信息 | 这些信息可以帮你做什么 |
| --- | --- |
| 手机号码 | • 手机号码的号段、号码排列规则,可以让你对号码主人有初步的判断。例如,相对来讲,连号号码比毫无规则的号码的主人更在意身份<br>• 在网上搜索手机号码,也许你会得到很多意想不到的信息 |
| 留言时间 | • 可以借助唤醒回忆的方法与客户建立关系<br>• 留言的具体时间是白天还是晚上?是工作日还是休息日?例如,如果客户在晚上或休息日留言,这说明客户的日常工作非常繁忙,或者这件事情不紧急。但如果客户占用工作时间留言,那么说明这件事情已经是工作的一部分,客户可能很重视这件事 |
| 留言的<br>IP 地址 | • 通过客户留言的 IP 地址,你可以看到客户所属的辖区 |
| 号码归属地 | • 虽然客户不一定身处其号码的归属地,但其一般会和号码归属地有关系,你可以借助这个层面和客户建立关系,如寻找共同点<br>• 你可以提前了解归属地的行业、竞争、商圈、业态、周边、案例等信息 |
| 渠道来源 | • 不同的渠道来源代表着客户的不同兴趣,甚至代表着客户的不同年龄。例如,抖音渠道和百度渠道的客户就有差异,电脑渠道和移动渠道的客户也有差异<br>• 借助渠道来源可以让你和客户更好地建立关系(兴趣、共同点) |
| 搜索关键字 | • 代表客户关注的不同投资类型、项目类型、风险承受能力、基本需求<br>• 如果客户搜索的是项目的关键词,那么他对该项目的兴趣程度可能比较大<br>• 如果客户搜索的关键词是行业的关键词,那么也许他还没有明确想加盟的项目,也许其还在观察中 |

总之,这些就在你手边却经常被忽视的信息对你帮助很大,你要充分利用它们。

## 2. 通过互联网平台了解客户

借助大数据平台、线索智能搜索平台、信用网站、行业网站、社交平台等，你总是可以找到和客户相关的一些有价值的信息。

以餐饮招商加盟为例，你可以这样了解客户信息（见表 4-2）。

表 4-2　了解客户信息的渠道和内容

| 渠道 | 内容 |
| --- | --- |
| 百度地图 | 商圈分布、竞品分布、行业情况（产品词）、商家电话 |
| 博雅行政 | 区域排名、商圈结构、行政区划、人口密度、区域面积、人文情况 |
| 加盟费网 | 品牌情况、费用结构 |
| 58、赶集 | 商铺信息、商铺房租价格、人力成本信息、繁华商圈信息 |
| 社交平台 | 微信、脉脉、领英、微博、QQ 等 |

## 明确沟通的目的

你给客户打电话的出发点是什么？这个目的往往和销售里程碑以及客户所处的阶段有很大的关系。

在大部分情况下，从初次沟通到最后实现邀约 / 成交，离不开三次重要的沟通：第一次是建立信任，了解和激发需求，塑造价值；第二次是解决顾虑和担心，取得项目认同，实现邀约 / 成交；第三次是价值回报塑造，解决回报顾虑，实现邀约 / 成交。

通过三次沟通，你实际上是取得了五个认同。第一次沟通的目的是建立信任，取得客户对你个人和公司品牌的认同；第二次沟通的目的是解决顾虑，取得客户对方案 / 项目 / 产品的认同；第三次沟通的目的是取得客户对价格和时间的认同。

当然，更多的一种情况是三次以上的沟通。但是，不管你和客户沟通的次数是多少，你一定要明确的是：此次沟通的目的是什么？

等你明确了沟通的目的，下一个重要的准备就是为此次沟通设定正确的目标。

## 为沟通设定正确的目标

所谓目标，就是电话结束的时候，你希望客户做出的承诺。目标是一种结果，是你和客户之间达成的共识，是客户要采取的下一步行动。

目标往往和你的销售里程有关，我们之前提过销售里程碑是一个层层递进的转化关系，你每通电话的目标就是要把客户从这个里程碑推进到下一个里程碑。

和客户初次沟通，你希望得到什么样的结果？你希望和客户达成什么样的共识？电话结束后，你希望客户采取什么行动？

### 目标可以分为上、中、下三策

上策就是当一切进展顺利时，这通电话最有可能实现的目标是什么？假设在你的公司，一通电话实现邀约/成交的概率非常高，那你的目标就是确定考察的具体时间和人，或者实现支付成交。这就是上策。

中策就是退一步，如果上策实现不了，你最大程度上还能实现什么？例如，客户会告诉你他的情况和需求，认真了解你的项目，提出一些疑虑（如果客户没有提出疑虑，你要鼓励客户提出疑虑），然后客户认同项目并听取了你的报价。同时，你们确定了下一次沟通的具体时间和内容。这就是中策。

下策就是再退一步，在沟通不顺利的情况下，你还能获得什么结果？例如，你可以添加客户为微信好友，确定后续沟通的具体时间。这就是下策。

举个例子。你和客户前期沟通已经很到位，客户已经到了决策的临界点，这通电话的目的是成交，你的目标有 3 个：（1）上策，即指导客户直接下单，完成支付；（2）中策，即客户同意付款并确定了付款的具体时间，就下一步交付计划的细节达成共识；（3）下策，即关于交付的具体细节和客户达成共识，为客户预留考虑时间，并约定如果客户在某一个时间点还没有付款，就再联系。

每次沟通你都需要准备上、中、下 3 个目标，根据和客户沟通的情况灵活调整你的目标。

## 预估困难并做好预案

电话销售人员提前做好预案对提高转化率非常重要。

### 你至少要清楚以下 6 个问题

你已经知道充分准备很重要，但怎么做才是充分准备？每次电话沟通时你至少还要考虑以下 6 个问题。

1. 客户为什么不会挂我的电话？
2. 我准备如何塑造公司和个人价值、建立信任？
3. 我准备如何与客户互动、挖掘客户的需求和信息？
4. 我准备如何围绕需求塑造价值、取得认同？
5. 此次沟通我可能遇到的困难以及解决方法是什么？
6. 我期待客户做出什么承诺？客户为什么会做出承诺？

你的每一位意向客户都得之不易，不能轻易地放弃某一位客户。为每一位客户每一次的沟通做充足的准备是值得的。

### 为不同阶段的困难做预案

在电话销售过程中，根据销售里程碑的不同阶段，你需要了解不同阶段可能会遇到的困难并为困难做好预案。下文列出了 8 类典型场景可能会遇到的困难（见表 4-3 至表 4-10）。

1. 寻找并确认关键人。

2. 取得客户的信任。

3. 暂时没有需求。

4. 需求优先。

5. 项目不合适 / 面临竞争。

6. 客户不信任。

7. 不确定项目是否值得投资。

8. 购买风险。

表 4-3　寻找并确认关键人

| 你可能会有的困惑 | 客户常见异议 |
| --- | --- |
| • 接触不到关键人怎么办<br>• 如何判断对方是否是真正的关键人<br>• 如何确认对方的身份 | • 我需要和家人商量<br>• 家人不给我钱，我也做不了<br>• 家人不同意，我也没有办法 |

表 4-4　取得客户的信任

| 你可能会有的困惑 | 客户常见异议 |
| --- | --- |
| • 如何自我介绍才能避免秒挂<br>• 如何建立融洽的沟通氛围<br>• 如何快速引起客户的兴趣和重视<br>• 如何让客户主动参与沟通<br>• 客户沉默、不正面回答问题怎么办<br>• 客户不接电话、不回微信怎么办<br>• 注册客户拒绝回访怎么办<br>• 客户总是推脱怎么办 | • 提供资料，我先了解一下<br>• 我到时候会联系你的，你不用和我联系<br>• 现在没有时间<br>• 让我再考虑考虑<br>• 暂时不需要 |

表 4-5　暂时没有需求

| 你可能会有的困惑 | 客户常见异议 |
| --- | --- |
| • 如何判断需求的真假<br>• 如何引导客户的需求<br>• 如何激发客户投资的渴望<br>• 客户在拒绝聊产品时如何沟通<br>• 客户看上去很感兴趣，但不行动 | • 我不感兴趣<br>• 我准备自己做<br>• 我不做了 |

表 4-6　需求优先

| 你可能会有的困惑 | 客户常见异议 |
|---|---|
| • 如何提高项目对客户的优先顺序<br>• 如何与客户手中的其他项目竞争<br>• 如何激发需求的重要性<br>• 如何激发需求的急迫性<br>• 如何才能更有效地找到客户的痛点<br>• 找到痛点后如何过渡到下一步<br>• 客户有需求，但时间不合适，需要等待时机 | • 资金不够<br>• 现在这个事情不是我优先考虑的<br>• 时间不合适，下个月 / 明年再联系<br>• 我现在有太多事情要做，等等吧 |

表 4-7　项目的匹配性 / 面临竞争

| 你可能会有的困惑 | 客户常见异议 |
|---|---|
| • 如何挖掘客户顾虑背后的真实需求<br>• 如何解决客户的异议<br>• 客户不认可项目的时候怎么说服他<br>• 如何体现项目优势<br>• 如何塑造项目价值<br>• 如何让客户认可项目 | • 项目不合适，我不选择<br>• 你这个产品在我们这个地方不受欢迎<br>• 网上差评太多<br>• 新鲜度不容易保证<br>• 不能接受这个价格<br>• 没有合适的店面<br>• 我们这里类似门店挺多的 |

表 4-8　能力和信赖，不相信

| 你可能会有的困惑 | 客户常见异议 |
|---|---|
| • 客户不信任我们怎么办<br>• 有些方面是服务过才能有感知的，但客户不相信，怎么办<br>• 我们是小公司，客户一般选择大品牌合作，我们怎么与大品牌竞争 | • 品牌影响力不够，我们都没有听说过这个品牌<br>• 你们承诺的服务很多都没有做到<br>• 你们对我们的市场了解不够<br>• 我们只和知名品牌合作<br>• 我不相信你们说的<br>• 你怎么证明你能做到<br>• 你们说的和做的不一样<br>• 我担心我们能力不够，做不到你们说的 |

表 4-9　不确定项目是否值得投资

| 你可能会有的困惑 | 客户常见异议 |
| --- | --- |
| · 如何让客户接受高价格<br>· 客户资金不足，怎么办<br>· 没有办法证明投资回报，怎么办<br>· 客户倾向价格低的合作方，怎么办 | · 赚太少了<br>· 回报率太低了<br>· 没有那么多钱投资<br>· 其他加盟品牌的价格更低<br>· 加盟费/价格太高了<br>· 物料费、原材料价格太高了 |

表 4-10　购买风险

| 你可能会有的困惑 | 客户常见异议 |
| --- | --- |
| · 客户迟迟不做决策，怎么推进<br>· 客户总在考虑中，怎么办<br>· 如何快速推进销售，缩短周期<br>· 如何促使犹豫不决的客户做出决定 | · 万一项目失败了，我承受不了<br>· 未来变化太大，最好还是先不购买<br>· 我不太确定我们能做好这个项目<br>· 万一失败了，时间、精力和钱都浪费了 |

# 第二部分
## 抓开场

第二部分是电话销售中很有挑战性的一个环节——开场。开场决定电话销售沟通中的第一个转化率：30～45秒转化率。如果开场30～45秒转化率低，那么成交转化率也不会很高。

我期望通过帮你解决以下4个问题，来提高你的30～45秒转化率。

- 如何做自我介绍才能避免秒挂？
- 如何快速被客户接纳？
- 如何快速引起客户的兴趣和重视？
- 如何让客户主动参与沟通？

| 客户接到陌生电话时内心的疑问 | 围绕疑问，你应该怎么做（抓开场的 4 个关键点） |
| --- | --- |
| 你是谁 | 自我介绍 |
| 你和我有什么关系 | 建立关系、塑造融洽氛围 |
| 你想谈什么，对我有什么帮助 | 引起客户的兴趣 |
| 你想让我做什么 | 提问引发互动 |

在进入本部分学习之前，先来看几个案例场景。在这些场景中，为什么电话销售人员没有继续和客户谈下去？请你为他们出谋划策，你觉得电话销售人员的问题是什么？他们应该如何改善？

## 场景1：大数据带来的精准目标客户

电话销售人员：您好，我在网上看到您在找一些快餐项目，对吗？

客户：你是谁？

电话销售人员：我是××餐饮管理集团的服务顾问，我们有各种各样的餐饮项目，不知道您想做什么项目呢？

客户：不需要了。

电话销售人员：哦，那打扰您了，再见。

## 场景2：大数据带来的精准目标客户

电话销售人员：您好，您是大山的家长，对吗？

客户：你是谁？

电话销售人员：我是做亲子教育的，我们想邀请您参加一场亲子教育的体验活动。您在广州的哪个区呢？

客户：不需要了。

电话销售人员：哦，那打扰您了，再见。

## 场景3：定向咨询的注册客户

电话销售人员：我是××公司的，您刚注册了一次体验课，对吧？

客户：是的。

电话销售人员：是您自己学习还是其他人学习？

客户：我自己学习。

电话销售人员：给您电话是想安排体验课的时间，您看今天晚上 9 点合适吗？

客户：再说吧。

## 场景 4：精准客户

电话销售人员：您好，您是大山的家长，对吗？

客户：你是谁？

电话销售人员：我是 ×× 教育公司的服务顾问，大山现在功课怎么样？

客户：你有什么事情？

电话销售人员：主要是关心一下大山的学习，不知有什么可以帮助您的。

客户：不需要。

电话销售人员：哦，再见。

## 场景 5：精准客户

电话销售人员：您好，我们是专注于儿童编程教育的 ×× 公司，请问您家孩子多大了？

客户：是线上学习吗？

电话销售人员：是的，在家里用电脑就可以学习。您家孩子多大啊？

客户：孩子不适合。

电话销售人员：我们针对的是 6 岁至 17 岁的孩子，您家孩子多大了啊？

客户：要学习多长时间？

电话销售人员：具体情况看您的需求，您家孩子多大了啊？

客户：不合适。

电话销售人员：哦，那打扰您了，再见。

接下来，请你带着上述几个场景来学习本部分内容，并思考你会给出什么建议。学习完本部分内容，你给出的建议一定会更合理。

# 第5章 如何做自我介绍才能避免秒挂

99%的电话销售人员心中都有一个痛：电话接通8秒之内被挂机，俗称秒挂。部分电话销售人员甚至因为实在忍受不了被秒挂的痛苦和煎熬而离开这个职业。被秒挂不单单是过去陌拜电话销售模式下的常态，就算在精准电话销售模式下，也时有发生。

你必须充分重视这个问题：8秒转化率，这是电话销售的第一个转化率，如果8秒转化率低，电话销售转化率自然也会低，你根本就没有机会进入到下一个环节。

## 测试

以下哪些方法不会让你在开场就被直接挂机？

1. 您好，在××地段的房子，价格低至×××元，您考虑买房子吗？

2. 张先生，您好，我是××公司的销售顾问。

3. 张先生，您好，5分钟前您刚刚注册过的××项目，您还有印象吗？

4. 陈律师，您好，我是您的朋友××介绍的，他提到您在企业债务纠纷方面很专业，很高兴能认识您。

5. 张老师，您好，我是在微信上和您一直互动的××，您还记得吗？

6. 大山妈妈，早上好。我是××，您肯定希望大山可以用最少的时间高效完成作业，对吧？

7. 李总，下午好，我是抖音的小赵，您现在方便吗？

无论你选择的是什么，一定可以找到以下 3 个前置的痕迹。降低秒挂，你需要掌握和运用 3 个前置方法：

● 关系前置的 5 个要点；
● 信任前置的 1 个典型方法；
● 建立价值前置的观念。

## 关系前置的 5 个要点

下面是两种自我介绍。

● 您好，我是 A 公司的服务顾问 ××。
● 张先生，您好，5 分钟前，您在抖音上申请过免费的体验课程，对吧？我是 A 公司的服务顾问 ××。

这两个自我介绍中，哪一个更不容易被秒挂？我想你会选择第二种，很简单，因为第二种有关系前置。

### 什么是关系前置

关系前置就是在表明你是谁之前，先让客户知道你和他有什么关系，从而避免客户秒挂。记住一句话：客户不在意你是谁，更在意你和他有什么关系。

陌拜电话销售已经让客户对陌生电话深恶痛绝，任何一上来就自报家门的电话，客户的第一反应就是销售电话，排斥和抗拒情绪马上产生。借助关系前置，你可以和客户建立联结，减缓陌生客户和你沟通的压力，将话题继续下去。

借助关系前置，降低秒挂，你可以使用以下 4 种方法：

1. 唤醒回忆；

2. 像熟人一样称呼和问候客户；

3. 从冷沟通到暖沟通；

4. 建立关系。

## 1. 唤醒回忆

唤醒回忆就是提及客户和你之前发生过的一些事情，无论是客户和你的公司，还是和你自己，让他回想起来：哦，原来我们之间有这层关系。这是在针对注册用户进行回访沟通时最常用的一种有效方法。举例如下。

- 张先生，中午好。您5分钟前在A平台申请过一个项目的考察名额，您还记得吗？我是该项目的投资顾问/区域审核经理，我姓李。
- 张先生，您好，5分钟前，您在抖音上申请过免费的体验课程，对吧？我是××公司的服务顾问××。

任何能够让你和客户产生联结的事情、人，都可以使用唤醒回忆的方法。例如，告诉客户你是在什么会议上认识对方的、你们之前在微信中有过互动，等等。

## 2. 像熟人一样称呼和问候客户

称呼在某种程度上代表了人与人之间的熟悉程度和亲密程度。用客户能够接受且熟悉的称呼来问候客户，能向客户表明或给客户一种感觉，你和客户有一定的关系。

记住一句话：你和客户有没有关系不重要，客户感觉你们有关系更重要。

像熟人一样称呼和问候客户，需要注意以下两点。

- 称呼本身。选择客户更熟悉、更符合身份定位的称呼。
- 称呼的语气。你要使用带有尊敬的语气。像熟人一样问候，但要充满敬意。

### 3. 从冷沟通到暖沟通

冷沟通就是完全没有任何关系的陌拜电话销售。暖沟通就是在电话接触前，先建立关系，彼此了解、熟悉、预热，然后再进行电话沟通。从冷沟通到暖沟通是电话销售模式的一种转变。

从冷沟通到暖沟通最典型的应用是社交电话销售模式。通过社交平台认识客户、互动了解、建立信任，再通过电话深度沟通。

从冷沟通到暖沟通，也有其他方法，例如，通过第三方介绍（第三方介绍是关系前置最有效的方法。因为第三方介绍的重要性，我在第 24 章会重点为你讲解），或者发短信做关系预热。

另外，通过网络引流而来的客户也属于暖沟通，这个时候是客户和你所属的公司在进行关系预热。

### 4. 建立关系

你能想到的、用到的，凡是能让客户感觉到你们有关系的方法都可以使用。

B2B 电话销售经常使用的：讲出客户的业务、看到你们的网站、看过一篇报道、听过您的课、看过您写的文章、途经客户的公司、路边的广告牌，等等。

B2C 电话销售经常使用的：手机号码的相似性、地域的相似性，等等（第 6 章详细介绍相似性）。

总之，给客户创造一种你们是有关系的感觉能在一定程度上降低秒挂的发生率。

## 信任前置的 1 个典型方法

信任前置就是将最能引起客户信任的内容先讲给客户听，以此快速建立客户对你的信任。根据实践经验来看，信任前置最典型的方法就是突出强调公司品牌，善于运用案例建立客户对公司的信任。

装修公司的电话销售人员给客户打电话，你觉得以下哪种方法更不容易被秒挂。

● 客户，您好，您是××小区的业主，对吧？我是××装修公司的服务顾问，您在该小区的房子开始装修没有？

● 客户，您好，您是××小区的业主，对吧？我是专门为该小区提供装修服务的××装修公司，已经有超过10年的服务经验（小区30%的房子都是我们装修的）。您在该小区的房子开始装修了吗？

● 客户，您好，您是××小区的业主，对吧？我是××地区（客户所属地区）最大的装修公司，专门为该区域的小区提供服务，您在××小区的房子开始装修了吗？

显然，第二种和第三种方法更好，因为有信任前置。

### 信任前置的重要性

在精准电话销售模式下，客户都是精准客户，一般都有潜在需求。很多时候客户拒绝往往不是因为没有需求，而是缺乏信任。

降低秒挂的发生率，你需要将最能引起客户信任的内容先抛出来，进而建立信任。例如，在一次课堂上，学员提到他给客户打电话，经常是这样开始的："我是×××餐饮管理集团公司的，我叫×××。"

我说，我建议你这样开始："我看到您关注过快速回本的餐饮投资项目，对吧？我们是国内首家提出单人单份烤鱼饭的品牌……"

这就是通过塑造品牌建立信任前置的一个应用。

请你记住这句话：客户不关心你代表什么公司或你叫什么名字，客户关心的是你的公司、你这个人是否值得接触。

## 建立价值前置的观念

价值前置就是在电话一接通时先把为精准客户提供的独特价值讲给对方听。举例如下。

● 您好，您在找投资小、回本快的快餐项目，对吗？
● 您好，您在找更轻松、更省精力、更赚钱的项目，对吗？

这种方式适合大规模陌拜电话销售，但现在很多客户不接受陌拜电话销售，一听到推销电话，秒挂的可能性很大。况且，我鼓励从冷沟通到暖沟通，鼓励精准电话销售，所以，价值前置不是我主要向你推荐的方法。

你可能会说，吸引客户的兴趣和注意力很重要，确实是，但我不鼓励你一开口就用这种方法。

前面我介绍了降低秒挂的 3 种前置方法：关系前置、信任前置和价值前置，我首先推荐关系前置，其次是信任前置，最后是价值前置。

虽然这 3 种前置的方法很好，但作为电话销售人员，你的声音音质、讲话方式、语气语调等对客户影响很大。如果你的声音难以打动客户，那么这 3 种方法也很难起到作用。所以，你还需要提高你的声音感染力。

# 第6章 如何快速被客户接纳

电话销售人员心中普遍有个痛：由于客户抗拒沟通或者沟通氛围不够融洽，你无法和客户深入互动。你问客户问题，想更多地了解客户，但客户对你置之不理或敷衍答复。

这种情况表明客户内心还没有接纳你。你必须充分重视这个问题，考虑以下两个方面。

- 沟通中客户抗拒，让你无法深入互动，对你的转化率和收入有什么影响？
- 如果你能快速被客户接纳，沟通更深入，对你的转化率和收入有什么帮助？

请你记住这句话：塑造融洽氛围并被客户接纳，才能让客户听得进去，说得出来。

- 听得进去。你说的有没有道理、正确与否，都不重要，重要的是如果客户抗拒你、不接纳你或不喜欢你，无论你的观点对他多有帮助，客户也难以听进去。
- 说得出来。客户向你敞开心扉，畅所欲言，需要建立在接纳你和信任你的基础上。

如果客户听不进你说的话，又不想说给你听，你的转化率如何提高？消除客户抗拒，我们需要找到原因。客户抗拒的核心原因有4个"不"：融洽氛围不够、信任关系不强、互动方法不对、价值传递不足。

本章我重点为你解决第一个问题：融洽氛围不够。

为了使转化率倍增、被客户快速接纳、构建融洽氛围，你需要掌握以下5点：

- 通过一句话被客户快速接纳的 5 种方法；
- 10 条电话礼仪；
- 同理心的 4 种表达方式；
- 寻找共同点的 2 个路径；
- 真诚赞美的 1 个原则。

## 通过一句话被客户快速接纳的 5 种方法

**测试**

我们先来做一道测试题，经过开场 5 ~ 8 秒的自我介绍，客户没有挂电话，你接下来会做什么？请从下面 4 个选项中选择一个。

1. 和客户快速建立融洽关系并被客户接纳。

2. 快速介绍产品，速战速决。

3. 陈述来电目的，引起客户的兴趣和重视。

4. 确认客户是否有需要。

在进行自我介绍后，你需要做一件事情：和客户快速建立融洽关系并被客户接纳。

我们来看一个案例。一位招商顾问在向客户做完自我介绍后，接下来说："我看到您这个号码的归属地是石家庄，最近也确实有很多河北的投资者来咨询、考察我们的项目。在当地，餐饮业发展应当不错吧？"

之后两个人就从当地餐饮业的发展开始，引入话题，进行了深入交流。

他们为什么能展开深入的沟通？核心在于一句话，这句话拉近了电话销售人员和客户之间的距离。这句话就是"我看到您这个号码的归属地是石家庄",这就是电话销售人员在拉近其与客户之间的距离,构建融洽的沟通氛围的一种方式。

通过一句话建立融洽的沟通氛围并被客户接纳,你需要满足客户的5个基本心理需求:

1. 受欢迎;

2. 被尊重;

3. 被重视;

4. 优越感;

5. 相似性。

## 1. 受欢迎

满足客户受欢迎的心理需求,你可以用欢快的语气按如下方式来讲。

- 和您通话非常愉快。
- 很高兴和您通话。
- 首先,感谢您对我们的信任。

## 2. 被尊重

满足客户被尊重的心理需求,你可以多征求客户意见,多用请求的语气,而避免用命令的说话方式。换句话说,让客户做选择。你可以用尊重的语气按如下方式讲。

- 您现在方便通电话吗?
- 可否请教您一个问题?

## 3. 被重视

满足客户被重视的心理需求,你可以使用关切的语气按如下方式讲。

● 我公司很重视您的申请，因此我第一时间给您回了电话。

### 4. 优越感

满足客户优越感的心理需求，你可以使用欣赏的语气按如下方式讲。

● 您关注我们项目，说明您紧紧把握住时代的潮流，走在了餐饮行业的前端。
● 一听您讲话，就觉得特别有气场，您现在生意做得一定不错吧？
● 一听您讲话，感觉您年龄虽然不大，但职业素养很高，我猜，您现在不是自己创业，就是职场精英，哪个猜对了？

### 5. 相似性

满足客户相似性的心理需求，可以使用惊讶、兴奋的语气按如下方式讲。

● 张先生，太巧了，我也姓张。
● 张哥，我看您号码是辽宁的？太巧了，我老家也在东北。
● 张总，您之前做过老师？我也做过老师。

这些都是通过一句话快速被客户接纳的方法。在这个环节，话不需要多，通常只需要一句话就能构建融洽的沟通氛围。

融洽的氛围在整个电话沟通的过程中都需要持续不断地构建。我接下来介绍的方法既适合开场，也适合电话沟通的整个过程。融洽氛围，随时需要。

## 10 条电话礼仪

电话礼仪几乎已经被电话销售人员遗忘。遗忘了电话礼仪，也差不多遗忘了客户。

我先和你分享一个让人非常失望的案例。

客户和电话销售人员电话交流得非常好，客户对产品很感兴趣，并且已经做好了购买决定。但是，快要结束通话的时候，客户习惯性地说："我再考虑一下。"

这时候，让人意想不到的事情发生了。电话销售人员不耐烦地说："嗯，行，你考虑一下吧！觉得行，你再找我。"然后直接挂了电话。

客户拿着电话，不知所措。

也许电话销售人员正在忙其他客户的事情，也许电话销售人员没有注意到这个细节，但结果是：客户直接拨通了竞争对手的销售顾问的电话号码。

这就是电话礼仪在捣乱。

电话礼仪也好，微信礼仪也罢，你能看到、听到的是语言，你看不到、听不到，但能感觉到的，是尊敬。电话礼仪实际上反映的是电话销售人员对客户的尊敬程度。

电话销售，细节定成败，一句定输赢。你在和客户沟通的过程中，短短两分钟，客户内心的决策可能会发生若干个变化。有时候，你的一句话给客户留下了好印象，客户就倾向于与你进一步沟通，也许下一句你冒犯了客户，客户就倾向于结束电话。

接下来，我向你分享我精选的能够让客户对你产生好感的10条电话礼仪。同时，讲这些话的时候，你心中一定要怀有敬意。

1. **接起电话，一定要有标准问候语**。亲切、热情地问候："您好！朴石咨询，我是××。"或者两段式、三段式、四段式问候。避免"喂""哪里""干什么"等用语。

2. **电话铃声响起两声接起电话**。如果响了三声后才接，应马上向客户表示歉意："您好！朴石咨询，我是××，不好意思，让您久等了。"

3. **电话接起来后，礼貌询问并确认对方的身份。** 热情地问候："我是×××，能否请问下，怎么称呼您？"避免问"你找谁""你有什么事"等问题。

4. **无论什么时候打电话给客户，都应当询问对方时间是否方便。** 如问道："您现在打电话是否方便？"

5. **沟通过程中注意礼貌用语的使用。** 如"谢谢您""真的太感谢您了""有件事情想麻烦您一下""有件事情想请您帮个忙""拜托了""随时欢迎您打电话给我""与您通电话很愉快""不好意思，让您久等了""请问……""请教……""不好意思，再占用您两分钟时间……""不好意思，最后一个问题……"

6. **听不清楚对方讲话时，一定要告诉对方。** 你可以说："不好意思，可能是我信号的问题，可否麻烦您再重复一次？"避免说："你信号不好，我没有听到，你再讲一遍。"

7. **一般情况下不应该让客户在电话中等待。** 如果需要客户在电话中等待，也应征求客户的意见并告知原因。在客户同意的前提下，在等待过程中，最好找话题；同时，在回到电话线上时，一定要向客户表示歉意："不好意思，让您久等了，非常抱歉。"

8. **在结束电话前，应征求客户的意见。** 你可以说："您看还有什么需要我为您做的？"

9. **在结束电话时，应感谢客户。** 友好地说道："谢谢您的来电，再见！""和您聊天很愉快，再见。""期待与您的下次交流，再见。"

10. **结束电话时，一定要让客户先挂电话，注意语气，然后轻轻挂机。** 你可以说："您先挂。"

# 同理心的 4 种表达方式

## 同理心的两个层面

同理心是指电话销售人员在和对方沟通的过程中，能够体会客户的情绪和感受，理解客户的立场和想法，并站在客户的角度思考和处理问题。

从中可以看到，同理心有两个层面：

● 情感共鸣，即能够体会客户的情绪和感受，理解客户的立场和想法；
● 解决问题，即站在客户的角度思考和处理问题。

## 同理心的 4 种表达方式

同理心的第一个层面：通过语言表达，和客户达成情感共鸣，从而塑造融洽氛围。你可以运用以下 4 种方法来和客户形成情感共鸣。

1. 认同客户的观点、需求、想法、顾虑、担心。最常见的表达如下。

  ● 您说得对，这种情况确实应当这样。
  ● 您的观点太对了，尤其是您对在当地市场如何开店的见解，我完全同意。
  ● 您期望老师要有耐心，这是必须的。
  ● 您担心回报是否能达到，确实有必要好好谈谈。

2. 表明其他人也有类似的需求、问题或顾虑。最常见的表达如下。

  ● 关于价格，我们不少客户也和您一样，都很关心。
  ● 关于利润率，其实我们品牌方比您更关心。
  ● 关于规避风险，我们不少客户都提过这个问题。
  ● 我们的很多客户都期望我们能全面运营。

3. 表明需求、问题和顾虑未被满足所带来的后果。最常见的表达如下。

- 您这么讲，我确实能理解您为什么这么谨慎。毕竟，一旦投资失败，受影响的可能不单单是您，还有您的家人。

- 您说的的确是事实，如果不能保障原材料的新鲜度，菜品质量肯定受影响，那自然会影响到生意。

- 如果老师耐心不够，肯定会影响孩子的情绪，打击孩子的学习兴趣。

4. 表明你能体会到客户目前的感受。最常见的表达如下。

- 我理解您的想法。

- 我了解到您很关心这一点。

- 我理解您为什么这么生气。

- 我能理解您不想仓促做决定的想法。

## 同理心终极挑战：站在客户的角度处理问题

同理心的最高境界，也是实践同理心真正的难点，是第二个层面：站在客户的角度思考和处理问题。尤其是在你和客户意见不一致的情况下，或者你想说服客户接受你观点的时候，你能不能站在客户的角度处理问题，就显出你的能力了。

例如，客户完全认同品牌、方案、产品及价格，客户承诺会选择你。但客户说最近有些忙，还没有时间下单，等过了这两天再处理。但你期望客户今天就下单，所以，你不断强调目前的优惠政策，不断强调客户现在不下单会面临的损失。

在这个场景下，你的这个行为并不是站在客户的角度考虑并处理问题。客户的潜台词是"你再给我点时间，让我再考虑考虑"。站在客户角度处理问题，需要你充分尊重客户，给予客户足够的考虑时间。

如果客户确实还没有考虑好，但你"强迫"其做出决定，那么结果可能会适得其反，尤其是和竞争对手相比，你几乎没有差异化的时候。

与其强迫客户，不如站在客户的角度思考和处理问题，稍退一步。你可以参照如下方式回应客户。

好的，按照您的意思，过两天再为您办理，没有问题。另外，因为目前的优惠政策截止到今天，如果您过两天再办理，就享受不到优惠政策了，挺可惜的。我想想怎么才能帮到您。有两个建议，您看是否合适：第一，我先向公司申请保留您的优惠名额，避免损失，但不知道能不能申请到；第二，因为办理非常容易，您也认可产品，我是否可以把支付链接发给您，您今天抽1分钟时间支付就可以了。您看怎么做更适合您？

如果客户选择第一个，你就可以再进一步。

好的，我先为您申请保留优惠名额。为了帮您申请保留，我是否可以在微信中给您发送一条申请保留的消息，您在微信中回复并确认，我就可以为您申请了。

如果我帮您申请到了，我会在微信中通知您，不影响您的工作了。如果没有申请到，我再给您回一个电话，看看怎么做更好。您看可以吗（这是在为你预留后续跟进计划）？

这就是站在客户的角度考虑并处理问题。总之，同理心不单单是语言上的表达，更是"心"和"行动"的表达。有话、有心、有行动，这是同理心的最高境界。

## 寻找共同点的 2 个路径

电话销售人员在和客户沟通的时候，一开始期望用共同点来和客户建立关系，但客户态度比较冷淡。后来为什么转变态度？我们一起来看看这个案例。

电话销售人员：我是辽宁本溪的，您呢？

客户：嗯

电话销售人员：哎呀，您是"70后"？我也是"70后"，我是1978年的，您呢？

客户：我1974年，你听起来不像啊。

电话销售人员：您孩子都这么大了？我也有一个孩子，刚送去参军，养孩子真难啊。

客户：是啊，你孩子是男孩还是女孩？你什么时候去的北京？

在这个案例中，电话销售人员尝试了3次寻找共同点：家是本溪、"70后"、有孩子。从一开始客户态度冷淡，到后来关系逐步升温，客户甚至开始主动关心电话销售人员。

为什么客户会有这种变化？一个关键的原因就是销售顾问始终在寻找共同点来和客户建立融洽关系。

如何在沟通中寻找更多的共同点？我分享两条路径供你参考。

**1. 外在相似性**

外在相似性就是通过客户能够展现出来的一些信息，来寻找共同点。最典型的有：同乡、同学、同龄、同姓、同名、同城／区、相似背景（学习、成长、家庭、工作）、兴趣爱好（也具有内在相似性的一面）。

**2. 内在相似性**

内在相似性就是通过对方的兴趣、爱好或行为，来判断对方的价值观和信念，通过价值观和信念来寻找共同点。我通过一个例子来解释它和外在相似性的区别。

例如，客户喜欢读书，你也喜欢读书；客户喜欢踢球，你也喜欢踢球；客户老家是辽宁的，你老家也是辽宁的，这些都属于外在相似性。如果你用内在相似性，例如，客户喜欢读书，你未必喜欢读书，但喜欢读书的内在价值观可能是对成长、对自我实现的渴望、对自律的自我要求。你未必说你也喜欢读书，但你可以说你喜欢上课，喜欢上课背后的价值观和喜欢读书背后的价值观，可能是相同的。你也可以说你是一个对自己成长要求很高的一个人，你期望通过自律来让自己成长。

这就是内在相似性，即通过内在价值观和客户寻找相似性，这是更高级别的相似性。

记住一句话：当你寻找到共同点并表达出来的时候，客户未必能做出响应，但客户的内心已经在和你进行互动了。

## 真诚赞美的 1 个原则

和同理心一样，真诚的赞美和欣赏是电话沟通中的"润滑剂"，是塑造融洽的沟通氛围的关键元素。

在一次课堂上，有学员问我："沟通的时候，如何才能让客户不主动挂电话？"课程结束后，第二天我去现场辅导，他又问了我一个很奇怪的问题："老师，怎么让客户主动挂电话？"我说："发生了什么？你昨天问的问题和今天问的问题，怎么差别这么大？"他说："老师您昨天上课的时候，不是说要把握机会赞美客户吗，我今天就对客户使用了这个方法。"他对客户说："主任，您对这个问题的见解很独到，一听您这么讲，我是真的能理解为什么您带的研究生这么优秀了，归根结底还是您这位老师优秀。"

结果，客户越聊越兴奋，讲了很多他的故事。

这个案例具有一定的代表性，说明我们每个人都希望被鼓励、被肯定、被欣赏。

向客户表达欣赏的一个原则就是：真诚。一句真实的体会、感受和想法，比几句虚伪的假话，更能打动人心。

# 第 7 章　如何快速引起客户的兴趣和重视

大多数电话销售人员心中都有一个痛：开场讲明来意后，客户不感兴趣，敷衍或挂机。

能不能引起客户的兴趣和重视，将决定着你的 30~45 秒的转化率。

## 为什么你不能吸引客户

为什么你不能吸引客户？这个问题是什么原因导致的？核心的原因是大部分电话销售人员其实根本没有思考过，如何才能引起客户的兴趣和重视。有些电话销售人员在进行自我介绍并建立关系后做出如下回应。

- 我们最近有个房子要开盘，您最近要买房子吗？
- 我们有很多项目，您想做什么项目呢？
- 现在有线上体验课，帮您预约什么时间？
- 给您打电话是想看看有什么可以帮到您的。
- 您最近是否有管理软件的项目需求？

这些回应方式已经反映出，这些电话销售人员根本就没想过如何引起客户的兴趣和重视。

那么，在开场中如何才能引起客户的兴趣和重视？答案是：电话销售人员开场的一句话触动到了客户。这句话要关注以下问题：

- 客户最关心的问题；
- 最让客户痛苦的事情；
- 客户最想改变的状况；
- 客户最想实现的目标；

● 客户最渴望的成就/结果。

由此可见，你需要找到客户的各种"最"，进而引起客户的兴趣和重视。你需要做到以下两点：

● 寻找切入点的 3 个关键步骤；
● 将切入点形成说话技巧。

## 寻找切入点的 3 个关键步骤

在过去，无论是为客户设计的标准回答用语也好，还是在课堂中帮助学员修改的回答用语也好，我发现，有时候在原有基础上稍做改动，效果就完全不一样。修改过的开场用语被电话销售人员实践后，他们的 30 ～ 45 秒转化率可以实现倍增，如表 7-1 所示。

表 7-1　修改前和修改后的开场用语对比

| 原有开场用语 | 修改后的开场用语 |
| --- | --- |
| 我们有个房子要开盘，您最近要买房子吗 | 我们有房子新开盘，比市场价低了 10%，您最近要买房子吗 |
| 我们有很多项目，您想做什么项目呢 | 我们的项目都是投资小、回本快，你想做什么项目呢 |
| 现在有线上体验课，帮您预约哪个时间 | 我们一直强调"无条件退款"，您看，帮您预约哪个时间体验 |
| 给您打电话是想看看有什么可以帮到您的 | 给您打电话是因为您在网上咨询的产品刚好有赠品，不知道有什么可以帮到您的 |
| 您最近需要贷款吗 | 给您打电话是因为现在贷款利率非常低，您现在需要多少额度的贷款 |
| 我们是做物流运输的，可以帮您将货物送到 ×××，什么时候方便见一面 | 给您打电话是因为我们可以确保将您的货物准时送到客户手里，您看有没有时间，我们可以沟通一下 |
| 给您打电话是想和您建立长期联系，也许未来能帮到您 | 给您打电话是想和您建立长期联系，我们超过 15 年的行业经验也许未来会帮到您 |

（续表）

| 原有开场用语 | 修改后的开场用语 |
| --- | --- |
| 如果成本降低一半，不知道是否能帮到您 | 在品质不变的前提下，成本降低一半，不知道是否能帮到您 |
| 给您打电话是想邀请您参加周末的亲子活动 | 定向邀请尊贵的 VIP 用户，仅限 30 名，参加周末的亲子活动，同时帮助会员拓展人际关系 |
| 您近期有没有客户关系管理升级计划 | 针对近期考虑升级客户关系管理的客户，赠送张炬博老师一对一电话销售指导，您是否需要加入 |
| 您符合开通这张信用卡的条件，您什么时候来银行领取 | 这张金卡，在北京只有 2 000 人才能申请到。您什么时候来银行领取 |

你可以看到，这些用语仅仅是文字的改动，但却效果惊人。我接下来将告诉你寻找切入点的 3 个关键步骤。

1. 分析你的差异化；

2. 分析客户的关键需求；

3. 匹配最合适的切入点。

## 1. 分析你的差异化

在开场中，你可以使用的差异化往往来自于：

● 你的行业和其他行业；

● 你的公司和其他公司；

● 你的项目和其他项目；

● 你的产品和其他产品。

经过第 3 章的学习，我想你已经总结了你的差异化，为了帮助你更好地理解如何运用差异化，我接下来先通过我的案例告诉你我是怎么使用这个方法的。

在我的服务体系中，除了两三天的短期培训以外，我还为客户特意设计了为期 100 天的"电话销售精英百日之旅"学习项目，这个学习项目以结果为导向，重点强调电话销售人才培养、学习落地转化和转化率提升。为了引起客户对这个项目的关注和兴趣，我首先就要分析，这个项目的独特卖点是什么？我总结了一下，这个项目有6个卖点：

（1）线上和线下结合的学习模式；

（2）为期100天的持续学习计划；

（3）培训、训练与辅导结合的学习模式；

（4）高度定制化的课件和说话技巧手册；

（5）高度定制化的学习视频；

（6）课程落地的讲师培养计划。

我明确了自己的差异化后，就需要分析客户的关键需求。

### 2. 分析客户关键需求

以与我合作的客户，或者想通过培训咨询机构来提高电话销售人员能力的客户为例，他们的关键需求往往包括以下7点：

（1）业绩转化，即学习能为学员带来转化率的提高；

（2）能力转化，即学习能为学员带来沟通能力和销售能力的提升；

（3）学习转化，即学习能使学员真正学习到东西，并透彻理解学习内容；

（4）较低投入，即预算少；

（5）全员覆盖，即最好能让团队所有人都可以学习，让团队能力得到整体提升；

（6）优质服务，即期望服务机构可以提供更好的服务；

（7）被认可和被肯定，即期望自己主导的培训项目能得到公司高层的认可。

这是大部分与我合作的客户普遍会考虑和关心的问题，但是，关键需求是什么？

根据分析，我发现，虽然不同客户、不同职位，最关心的问题不同，但整体上有 3 个需求非常关键：（1）业绩转化；（2）能力转化；（3）被认可和被肯定。

我将这 3 个需求列为关键的需求，也是我准备在开场中使用的切入点，这就进入到了第 3 步：匹配最合适的切入点。

### 3. 匹配最合适的切入点

匹配最合适的切入点就是将你的独特卖点和客户的关键需求相匹配，找到你的独特卖点中，哪些最能满足客户的关键需求。而客户的这些关键需求就是你可以用来吸引客户的切入点。

你需要确定，哪些切入点最能吸引客户的注意和兴趣，也就是客户最关键、最急迫、最重要的需求。在理想情况下，你最独特的优势和客户最关键的需求完全匹配，这个时候，客户最关键的需求一定是你的切入点。

现在，你已经确定了最能吸引客户的关键需求点，接下来，你需要设计说话技巧。

## 将切入点形成说话技巧

将切入点形成说话技巧，可以使用的标准语言结构如下。

- 给您打电话，是因为……（理由 / 好处 / 兴趣点）
- 给您打电话，是因为，您可能也在找……的方法。
- 给您打电话，是因为，如果能帮您……
- 给您打电话，是因为，您可能也关心……

例如，我们刚才分析的"电话销售精英百日之旅"学习项目，会形成如下说话技巧。

- 给您打电话，是因为您可能也关心培训后的能力提升和业绩转化。

- 给您打电话，是因为培训后 3 个月内您的转化率可以提高 30%。
- 给您打电话，是因为您肯定也想做一些让公司高度肯定、认可的培训项目。
- 给您打电话，是因为我们最近与客户合作的培训项目，都得到了客户所在公司的高度认可，您肯定也想做一些被公司高度肯定的培训项目。

以快餐加盟项目为例，如下说话技巧供你参考。

- 给您打电话，是想着您肯定也很关心我们的项目是怎么做到让您用这么少的投资，就可以轻松地持续赚钱的。
- 给您打电话，是我看到您在了解一些快餐加盟项目，想着您肯定也在找一些更轻松、更简单、更赚钱的餐饮项目。
- 给您打电话，是考虑到在您所在区域，公司在大力扶持样板形象店（减免保证金、加盟费），看看您是否符合条件。

以在线教育课程为例，如下说话技巧供你参考。

- 给您打电话，是因为我们所有学员在 3 节课后基本都可以用英语对话了。
- 给您打电话，是因为我们独特的线上教学设计绝对牢牢抓住小孩子的注意力。
- 给您打电话，是因为我们一直强调"无效退款"，降低您的风险。
- 给您打电话，是因为"6·18"优惠力度很大，为您节省下 30% 的学费。

你要注意一点：这个时候，你已经进行了 3 个前置的自我介绍，也和客户建立了融洽的关系。否则，这些说话技巧也未必能奏效。

关于引起兴趣、重视和注意力，我再补充以下几个观点。

### 假设成交法的应用

这种方法的出发点，就是你与客户沟通的时候，不去考虑客户是不是有需求、是否有购买计划，而是假设客户现在就有需求和购买计划。针对有需求的客户，你会怎么讲，从而引起他的兴趣、重视和注意力？

例如，你可以尝试将"是否有计划"，改成"计划什么时候启动"，或者"计划是否包含 A 业务"。

### 每次沟通都需要吸引注意力

引起客户的兴趣和注意，不仅针对新客户，也适用于老客户。

每一次的沟通，无论新客户还是老客户，无论目的是什么，你都需要考虑如何引起对方的重视和兴趣，这往往是很多电话销售人员忽视的一个环节。

### 从"最"关键的需求切入

有时候你可能会有一种困惑：明明你的产品和服务对客户有很大的帮助，如帮助客户省钱、帮助客户赚钱、帮助客户带来客户等，但为什么客户就是不感兴趣呢？

除了信任关系以外，很重要的 3 个原因：第一，你找错了人了；第二，虽然你能帮助客户，但却不是客户目前最关心的问题；第三，你缺乏差异化。

例如，如果我面临一家技术导向的 500 强企业的 CEO，我和他谈电话销售人才培养，在一般情况下，这未必是他关心的问题，因为他有更让他头疼的问题。

所以，你必须围绕客户目前最关心的关键需求展开，或者换种思路，多想想你最独特的差异化，最能满足什么人的最关键的需求。去找那个人，比找决策者更有效。

## 突出差异化优势需求

很多时候，你的切入点确实是客户所关心的问题，但问题是，客户每天接触到的电话销售内容基本相同，你自然无法打动客户。例如，我一个客户在不同时期说话技巧的变化：

- 成本降低一半；
- 品质不变的情况下，成本降低一半；
- 品质提高的情况下，成本降低一半。

这种不断变化，其实也是在不断突出强调差异化优势，以更吸引客户。

## 在实践中不断优化

在实践中，你需要根据客户来源、职位的不同，不断地调整引起客户兴趣和注意力的话术，因为不同的客户的兴趣点和关注点可能存在很大的差异，而且也会不断变化。况且，即使是同一个方法，不同的电话销售人员的表达方式也会有区别，这需要你不断实践、调整，直到找到适合自己和客户的能引起客户兴趣和注意力的方法。

# 第8章　如何让客户主动参与沟通

电话销售人员心中都有一个痛：你与客户建立了融洽的关系，也初步引起了客户的兴趣，客户虽然没有挂电话，却沉默不言，看上去好像在敷衍，问他问题也不回应，不主动参与沟通。

你必须充分重视这个问题。你能与客户互动，才能相互了解，进而更进一步取得客户信任、挖掘需求。总之，你与客户保持互动是提升转化率的基础。

- 如果你不能互动，对转化率和收入有什么影响？
- 如果你可以更好地和客户互动、交流，对你的转化率和收入又会有什么帮助？

我之前介绍过，客户抗拒有4个原因：融洽氛围不够、信任关系不强、互动方法不对、价值传递不足。这一章我重点介绍互动方法，你需要掌握：

- 引发互动的3种提问方法；
- 引发互动的4个提问方向。

## 引发互动的3种提问方法

有效提问才能引发有效互动。我们先做一个小测试。

---

**测试**

客户主动留下联系方式，想了解你的项目。你回电的时候向客户讲清楚你的来电目的和对客户的帮助后，引起了客户的兴趣，接下来，你会怎么办？

1. 目前你主要想投资什么项目？

2. 你目前准备投资多大金额的项目？

3. 这个项目目前不是针对所有人开放的，有一定的条件限制。我先请教您几个问题，看看您是否适合，可以吗？

4. 您的场地找好了吗？

5. 为了更好地解释您关心的一些问题，您是已经决定投资开店，还是只有一个初步想法？

这 5 个方法哪些更容易引发和客户的互动？更容易让客户主动参与？我的选项是 3 和 5。

我接下来会为你介绍本章的第 1 个重点——引发互动的 3 种提问方法：

1. 选择封闭式问题，而非开放式问题；

2. 取得提问权；

3. 好处提问法。

## 1. 选择封闭式问题，而非开放式问题

你可能会有一个疑问，互动交流、了解客户，不是询问开放式问题更好吗？不是开放式问题可以获得更多信息吗？不是开放式问题可以让客户畅所欲言吗？

没错，开放式问题确实更能帮助你做到这些，但你可能忽略了一点：缺乏融洽氛围和信任关系，一切深入互动都不会发生。

你现在处于和陌生客户沟通的情景，你和客户的信任度还不强。在缺乏信任度的情况下，选择让客户更容易回答的问题是上策。而封闭式询问和开放式询问相比（见表 8-1），更容易让客户回答。所以，我选择封闭式问题。

（续表）

| 问题本身 | 好处提问法 |
| --- | --- |
| 您的预算在什么范围 | 尽可能在您的预算内给您最好的配置，您计划的预算在什么范围 |

## 引发互动的 4 个提问方向

提问方向就是你希望通过提问把客户带到哪里去。提问方向和你打电话的目的有很大的关系，就像高速上的岔路口一样，不一样的方向，目的地不同。不同的电话目的，提问方向也不同。具体来讲，可以分为以下 4 个提问方向。

1. 如果你的目的是判定客户资格，你需要从了解客户情况开始。通过了解和客户画像相关的客户情况，你能够判断对方是否是目标客户。例如，我一般会这样问客户：

● 我们针对教育行业的客户都是使用电话咨询和见面咨询相结合的模式，你们呢？

● 教育行业一般都是规模化运作，几百上千人很正常，您的团队也有上百人吧？

强调一点，在通常情况下，电话销售人员和客户的信任关系还不够，通过了解情况来判定客户资格，建议从最简单、客户最没有压力、客户最容易回答的问题开始。

2. 如果你的目的是了解客户需求，你需要从挖掘需求开始。例如，一般你可能会这样询问客户需求：

● 您目前最关心的问题有哪些？

● 通过在线学习，您主要想提高应试成绩还是口语表达能力？

- 您目前最想解决的问题有哪些?

3. 如果你的目的是快速挖掘近期有需求的客户,你需要从确认需求开始。例如,你可以这样询问客户:

- 如果一切顺利,您计划什么时候开始营业?
- 您已经决定了还是只有初步想法?

4. 如果你的目的是快速实现邀约,你需要从邀约承诺开始。例如,你可以这样询问客户:

- 报销差旅住宿费,仅限这周确定考察时间的投资者,是否需要我帮您预留名额?
- 报销差旅住宿费,仅限在我们接触后 3 天内做决定的投资者,是否需要我帮您预留一个考察名额?

综上所述,你的提问方向将引导客户走向不同的方向。

表 8-3 总结了第二部分抓开场的 4 个要素。

表 8-3　抓开场的 4 个要素

| 客户接到陌生电话时内心的疑问 | 围绕疑问,你应该怎么做(抓开场的 4 个要素) |
| --- | --- |
| 你是谁 | 自我介绍 |
| 你和我有什么关系 | 建立关系 |
| 你想谈什么,对我有什么帮助 | 激发兴趣 |
| 你想让我做什么 | 引发互动 |

结合上述内容,我列了几个开场的示范(见表 8-4、表 8-5)。

表 8-4　招商加盟行业示例

| 抓开场 | 举例 |
| --- | --- |
| 自我介绍 | 您好,陈哥。您想了解烤鱼饭项目,对吧?您很有眼光,该项目是国内首家提出的烤鱼饭项目。我是投资顾问李山,您称呼我李经理,或者叫我大山,都可以 |
| 建立关系 | 和您通话很愉快,也很感谢您的信任 |

（续表）

| 抓开场 | 举例 |
|---|---|
| 引起兴趣 | 您看中的××烤鱼饭，绝对是网红餐饮领域的一颗耀眼的明珠，投资少、回报快 |
| 引发互动 | 陈哥，你已经决定要开店了，对吧 |

表 8-5　在线教育行业示例

| 抓开场 | 举例 |
|---|---|
| 自我介绍 | 宝爸，您好，5分钟前，您在抖音上申请过免费的体验课程，对吧？我是××公司的服务顾问×× |
| 建立关系 | 宝爸，我看到您的留言，您姓张？太巧了，我也姓张，很荣幸和您通话 |
| 引起兴趣 | 给您打电话是因为我们一直强调"无效退款"，也是为了降低您的风险。针对您申请的免费体验课程，我们需要根据您的喜好为您预约不同的老师 |
| 引发互动 | 不知道您对老师有什么要求 |

# 第三部分
## 挖需求

如果你的开场非常好，想必你已经和客户建立了初步关系，初步塑造了融洽的沟通氛围和基本的信任，引起了客户的重视，接下来非常重要的一个环节就是挖掘客户需求。

通过你引发互动的提问，客户和你开始互动，但你和客户能互动到什么程度？什么深度？你应该怎么进行深入互动？这是本部分的重点。

做电话销售，以下场景你可能不陌生。

- 刚开始和客户聊得不错，客户问的问题很详细，客户看起来很感兴趣。但初次电话后就联系不上了。

- 在沟通的过程中，电话销售人员从专业角度给客户提了很多好的建议，同时对客户的投资回报进行了分析，但总是不能促成邀约。

- 无论你什么时候和客户联系，客户都很感兴趣，但就是不来考察。

- 客户总是说时机不到，还没有选择好，怎么办？

这些问题是怎么产生的？如何解决？这些问题本质上都和需求有关。在这一部分，我重点为你解决 4 个问题。

- 如何全面、深入地把握客户心理？

- 如何让自己成为客户的唯一选择？

- 如何激发客户行动的决心？

- 如何挖掘顾虑背后的真实需求？

# 第 9 章　如何全面、深入地把握客户心理

很多电话销售人员的心中都有一个痛：在不了解客户情况和客户需求的时候就盲目介绍，不能说到客户心坎上。换句话说，不了解客户的心思。

你是否思考过：

● 你不了解客户的情况和需求，对转化率和收入有什么影响？

● 如果你很了解客户的情况和需求，那么这对你的转化率和收入又会有什么帮助？

使转化率倍增，全面、深入地把握客户心理，你需要掌握并实践以下方法：

● 循序渐进建立信任的方法；

● 需要获取的 8 类关键信息；

● 挖掘需求的 8 个关键自检；

● 反问挖掘需求的 3 个关键点；

● 积极倾听的 3 个关键步骤。

## 循序渐进建立信任的方法

和客户的初次沟通有两种做法：（1）先微信沟通；（2）直接打电话。

一般我会通过微信传递一些关于我是谁、我做什么、我能为客户做什么等信息，与客户建立初步信任。同时，我也会问几个关键问题，如客户的基本情况、客户期望解决的问题和实现的目标等，这样我就对客户有了初步的了解。

与客户先通过微信沟通，比直接打电话沟通创造了更多的深度互动的机会，而且互动效果比直接打电话沟通的效果好很多。

为什么会这样？核心原因是因为通过微信先沟通，塑造了彼此的初步信任，即信任前置，在打电话进行深度沟通前，做关系前置和信任前置，为电话沟通做铺垫。

我并不是说一定要先通过微信和客户沟通。关系型、精准度特别高的电话销售，可以这样做；但效率型、快速成交的电话销售，并不适合这样做。

深入引导客户讲出需求，全面把握客户心理的前提条件是建立信任关系。我之前介绍过，客户抗拒沟通的原因有 4 个不：融洽关系不够、信任关系不强、互动方法不对、价值传递不足，在此之前我已经介绍过融洽关系和互动方法，接下来我将介绍信任关系。

关于信任关系，请你记住：你想和客户做 5 万元的生意，你必须和客户建立价值 10 万元的信任。

## 信任关系的 5 个层级

信任关系是销售成交的核心，随着你和客户沟通的不断深入，双方的信任关系也需要不断加强。我把信任分为 5 个层级（见表 9-1）。

表 9-1　信任关系的 5 个层级

| 信任层级 | 客户的心理感受 |
| --- | --- |
| 接纳你个人 | 我不讨厌这个人，可以与其聊一聊 |
| 信任你和你的公司 | 这个人和这家公司还不错，值得深入聊一聊 |
| 信任你的方案 / 产品 | 这家公司的方案最适合我并且能帮助我 |
| 信任你的价值回报 | 投资回报是值得的，值得合作 |
| 信赖你 | 值得进行深度的、长期的合作 |

如果你抓开场做得好，可以解决第一个层级的信任。而我现在要介绍的是解决第二个层级的信任：通过你的专业塑造公司/品牌，引起客户的信任。

第一，塑造公司/品牌信任。很多电话销售人员会忽略公司/品牌信任的塑造。无论你的客户来源是什么，网络引流、朋友介绍、陌拜开发等，大部分客户应当对你的品牌还不够了解。有些也许仅仅是听说过而已，有些甚至都不知道你的公司。例如，网络引流注册而来的客户，有些可能是因为品牌而留言，也有些是因为项目、产品、促销等。

塑造公司/品牌信任可能从你开场的自我介绍就开始了。自我介绍的信任前置，就是塑造品牌信任。但这仅仅是一种初步的意识和感觉，若要让客户和你展开深入互动，在开场结束的时候塑造品牌价值必不可少。

抓开场是以提问引发互动结束的，如果你觉得客户对你的公司还不够了解，信任度还不够，你可以将"塑造公司品牌信任"作为提问引发互动的方向。你可以这样开始你的提问。

● 不知道您对我们公司了解多少？（当然是不了解，接下来你就可以顺水推舟，讲下面的话。这个问题还有一个作用，即判断客户所处的里程碑阶段）

● 为了加强双方的信任，我简单给您介绍一下……

但是，你要介绍什么？你需要一段表述你公司是值得信任的标准用语。这段话可能包括你公司的独特性、定位、发展历程、成长故事、成果和案例、实力体现、规模等。

实际上，即使你不主动引导客户谈论你的公司，很多时候，客户也会主动问你，所以你一定要有一段塑造公司品牌的标准用语。当然，你还要注意客户的关键需求。

第二，塑造个人信任。如何塑造个人信任？当然是体现你的专业能力。

要在短时间内体现你的专业能力，最典型的做法是结合客户情况，谈谈你的观点和建议。你谈的观点越深刻、结合度越高、建议越有帮助，就越能打动客户。

你不妨从客户的角度想想：对方对我一点都不了解，但针对我的问题、困境却能说得头头是道，不简单啊！

举个例子，如果你是一位招商加盟顾问，要塑造客户对你个人的信任，你可以在了解了客户基本情况，如开店城市、是否有创业经验等基本信息后，结合这些基本情况，介绍当地餐饮业状况、商圈分布、消费特点；你能给他建议，提醒他加盟的 3 个注意事项，与他分享选店和店面运营经验等，你自然就可以打动客户。

在第 3 章中，我介绍过知彼知己，提高专业度。那些专业知识，首先就是用在这里帮你取得客户信任的。

**测试**

假设你的开场刚结束，客户就问你一个问题：A 项目（你负责的项目）和 B 项目（竞争对手的项目）有什么不同？请问你该怎么回答？结合循序渐进信任法，以下 4 种回答的方式，你会选择哪一个？

● A 项目和 B 项目区别很大，电话也很难解释清楚，我诚恳邀请您来我们北京总部考察，做深入了解。您是一个人过来还是几个人一起来？

● A 项目和 B 项目区别很大，我重点给您讲 3 点（详细解释这 3点）……您看您还有什么疑问？

● A 项目和 B 项目的区别实在是太多了，为了节省您的时间，请问您目前加盟我们项目主要的关注点有哪些？

● A 项目和 B 项目的区别实在是太多了，其中最大的区别是……（解释这一点），您对这一点的关心程度如何？为了节省您的时间，请问您目前加盟我们项目，主要的关注点都有哪些？

你认为上述哪一种回答方式更好？

至此，你塑造了公司品牌信任，也塑造了个人信任，为你和客户的深度互动铺平了道路、奠定了基础。接下来，我将介绍如何深挖客户需求。

## 需要获取的 8 类关键信息

### 区分信息、问题、需求和顾虑。

在谈论关键信息之前，你有必要分清楚信息、问题、需求和顾虑。

"信息"是客观事实，如客户年龄、职业等，信息不以个人看法的改变而改变。

"问题"是客户目前面临的困境、难题及对现状的不满。例如，电话销售人员流失率高、人员培养周期长、转化率低等。

"需求"是一种渴望，是客户想实现的结果、客户认为重要的、客户期望满足的，等等。例如，想要提升成绩、期望提高转化率等，在相同的环境下，不同客户有不同的需求。

"顾虑"是客户对决策的担心。例如，万一实现不了怎么办? 对方说谎怎么办?

把握客户心理，引导客户说出需求，就是引导客户说出他的情况、他的问题、他想实现的以及他所担心的事情。这里先讲述如何引导客户说出他的情况，也就是信息。

为了提高转化率，一般来讲，你需要了解以下 8 类信息:

1. 资格类;
2. 决策者;
3. 决策流程;
4. 决策时间;
5. 预算;
6. 竞争;

7. 项目信息；

8. 个人信息。

## 1. 资格类

为了判断你接触的客户是否是你的精准目标客户。你必须思考以下问题。

● 你的目标客户有什么特征？

● 通过什么信息来判断对方是否是你的目标客户？

● 你会问什么问题来判断对方是否是目标客户？

关于这一点，我在第一章讨论过，这里不再解释了。

## 2. 决策者

决策者就是能对此次购买起到决定作用的人。虽然电话销售不像大客户项目销售那样，会有很多人影响销售决策，但也不会像电话销售人员理解中那样，是一个人做决策。那些看上去一个人做决定的客户，很有可能受其他人影响。例如，针对个人的电话销售，客户可能是以家庭为单位进行决策的；针对企业的电话销售，客户可能包括项目发起者、使用者、评估者、决策者等不同的影响者参与决策。

所以，你不单单要确定决策人，还要尝试找出决策人背后的决策者或影响者。

### 务必要关注每一个人的需求

你不要忽视任何一个你认为与决策者没有关系的人。我将以下面场景为例进行详细解释。

某家在线教育机构的电话销售顾问和宝妈进行了深度沟通，基本到了付费的阶段，但后来，宝妈说她要和宝爸沟通一下。你准备怎么沟通？

很多电话销售人员的做法就是把背景简单向宝爸介绍，然后就督促宝爸做决定。这是很不明智的做法。你需要思考下列问题。

- 为什么宝爸这个时候要了解？
- 在这个决定中，决策者是宝爸还是宝妈？
- 宝爸对你的态度会是什么样的？
- 宝妈和宝爸之间的信息是否畅通？你告诉宝妈的信息，宝爸是否了解？
- 如果宝爸反对，会有什么结果？
- 你如何获得宝爸的支持？

在一个决策中，不同参与者的想法和需求一般会有很大的差异。决策者、业务部门和培训部门的需求往往是不一致的。你必须了解不同人的需求，从中找到最关键、最重要的需求。

以招商加盟为例，你可以尝试询问以下问题，来判断对方是决策者还是关键影响者。

- 您是该项目的投资人还是操盘人？
- 您还有其他的合伙人吗？
- 项目的资金是您自己的积蓄还是来自于家里支持？
- 谁能决定开店时间？
- 还有谁会参与决策流程？
- 当你拿不定主意的时候，你会和谁商量？

## 3. 决策流程

决策流程也是购买流程，是指客户为了实现最后的购买所进行的一系列行为，可以理解为购买里程碑。

为了了解客户的决策流程，我会问客户以下几个问题。

- 在这个流程中，哪些环节可能会遇到阻碍？

- 你同意后，下一步需要谁同意？

- 如果进展顺利，下一步该做什么？

- 符合什么条件／如何做，才能走到下一步？

你必须了解客户的决策流程，才能让销售里程碑匹配客户的购买流程。

对于那些没有决策流程的客户来说，你要为客户制定决策流程。你可以这样说："为了让项目顺利推进，我们的服务流程一般是这样的……您看这个流程是否合适？"

关于决策流程的重要性，我在第 21 章会为你详细介绍。

### 4. 决策时间

决策时间是客户为此次购买设定的最终的决策时间和执行时间。和决策流程相似，有些客户有明确的决策时间，而有些客户没有明确的决策时间。

对于有决策时间的客户，你可以尝试提前影响客户决策，这样你的成交周期就缩短了。

对于没有明确决策时间的客户，你必须为客户设定决策时间，否则，成交周期会很长。

你可以通过以下问题了解或影响客户的决策时间。

- 如果一切顺利，您准备何时合作？

- 项目越早展开，对团队的帮助就越大。您计划的项目启动时间是何时？

- 早点开店就早点盈利，您计划何时开店？

- 店面有没有找好？什么时候开始定店面？

- 正常情况下，从定店面到开店营业，一般需要 3 个月。现在应该马上定店面了。您看呢？

- 您对我们这个行业了解多少？
- 看得出来，您还研究过我们这个行业，之前都接触过哪些项目？
- 您都考察过什么类似项目？
- 除了我们的项目，您觉得目前哪些项目也不错？
- 您觉得这些项目吸引您的地方在哪里？
- 您觉得这些项目达不到您要求的地方在哪里？

### 7. 项目信息

不同行业、不同产品的项目信息的差异很大，这里就不举例了。

### 8. 个人信息

对客户个人了解得越多，就越容易建立信任。客户的年龄、职业、婚姻状况、家庭、工作经历/创业经历、籍贯、读书的学校等都是重要的个人信息。

这8类关键的信息并非一通电话就能获得的，也不是按照顺序询问出来的，问这些问题需要合适的时机，我在后面倾听环节再详细介绍。

## 挖掘需求的8个关键自检

为了更深入、更全面地了解客户的需求，我总结了一套方法论，我已经实践了这套方法论长达20年。如果你能熟练运用这套方法论，就能深入挖掘客户的需求。

这套方法的精髓，就在于我要和你分享的8个关键自检。

1. 目标是什么？
2. 动机是什么？
3. 需求有哪些？

4. 具体需求是什么？

5. 具体需求的动机是什么？

6. 完整的需求都包括什么？

7. 最重要的需求是什么？

8. 有没有和客户达成共识？

## 1.　目标是什么

目标就是客户期望的结果和其想实现的目标。

客户无论购买的是产品，还是服务，都期望通过购买来实现目标，而不仅仅是产品或服务本身。如果你不能了解客户关于目标的期望，你怎么能让客户接受你的产品？

举例来讲，你购买我的培训服务学习知识，如果不能将知识转化为能力和业绩，那么知识对你来说没有任何意义。

**你必须主动去了解客户的目标**

你必须通过主动询问客户，来了解并确定客户的目标。这样，你的方案、项目、产品，才能围绕客户的目标而设计，而你的介绍才能围绕客户的目标而展开。

我一般通过以下问题来了解客户的目标。

● 我们合作的出发点是为了帮助您实现目标。您对我们之间的合作有什么预期的目标？

● 您期望我们的合作能帮您实现什么结果？

● 您如何评估我们的合作是否达到了您的预期？您的标准都有哪些？

● 您期望转化率提高多少？

● 您提到能力的提升，您期望提升哪些能力？如何评估这些能力的提升？

### 你需要帮助客户设定目标

有些客户没有目标，这就需要你帮助客户设定目标。

以在线教育为例。家长只是想让孩子学习，但对于能学到什么程度以及有什么结果，有时候是不清晰的。你能通过互动，让家长意识到孩子真正需要的是什么，这本身就是在创造价值，也就是在创造差异化。

## 2. 动机是什么

动机从两个方面被挖掘：购买动机和目标动机。购买动机指客户此次购买的动机，即客户为什么要购买；目标动机指客户目标背后的动机，例如，客户期望转化率提高 1 倍以上，为什么是 1 倍而不是 2 倍？

### 为什么要深挖动机

因为激发客户行动的，不是需求本身，而是促使需求产生的动机，了解需求产生的动机可以帮助你更透彻地了解需求、激发需求。

我一般是这样询问客户动机的，供你参考。

- 是什么原因让您现在考虑实施这个项目？为什么是现在？而不是 3 个月前或 1 个月后？
- 发生了什么事情促使您想启动这个项目？
- 这个项目是在年前的计划中的，还是临时启动的？
- 您期望我们可以帮您培养电话销售团队，具体原因是什么？例如，是复制扩张还是现有团队哪里达不到您的期望？
- 您期望转化率可以提高 1 倍，有什么特别的原因，让您有这个目标？

我举几个其他行业的例子来告诉你如何通过询问来挖掘动机。

- 招商加盟：您通过开店赚钱，您是对现在的收入不满意，还是期望有更好的发展？

- 英语教育：您期望学习英语，主要是想提高应试成绩还是口语能力？什么原因让您想这样做？孩子哪里达不到您的期望？
- 管理软件：目前您期望升级系统，主要原因是什么？
- 机械设备：您购买激光切割机的主要目的是扩大生产还是更新生产线？
- 网络推广：什么原因使您想通过网络做推广？

无论你从事什么行业，方法是一样的——寻找客户购买动机及目标背后的动机，通过对动机的挖掘，更好地了解和挖掘客户的需求。

### 3. 需求都有哪些

需求就是客户的想法、关注点，以及其期望实现的和认为重要的事情。一方面往往指客户目前最想解决的问题，另一方面往往指客户在选择供应商、产品的时候，最看重的因素都有哪些。

这里的需求和前面提到的目标有区别。目标是指客户总体上想实现的结果，而需求是指客户关心的问题，或者选择供应商的时候所看重的因素。也可以理解为，这些需求的满足可以让客户选择一个好的合作伙伴，从而实现目标。

客户设定的目标是转化率提高 1 倍，这是目标。但客户的需求是什么？客户关心的是课程内容实用、针对性强、学习形式能落地。这些是客户的需求。

我一般如下询问客户。

- 为了实现目标，您目前最关心的问题都有哪些？
- 目前团队中您觉得最需要提高的方面有哪些？
- 您认为理想的合作伙伴是怎样的？
- 您对合作伙伴都有什么期望？您看中的是什么？

以招商加盟行业为例，询问客户需求的方式如下。

● 关于合作，您都关心什么问题？我来帮您解释一下。

● 您最看重我们项目的哪些方面？

● 您在选择品牌方的时候，最看重的是什么？

● 您期望我们在哪些方面能帮到您？

● 您认为一个好的加盟项目需要符合哪些标准？

### 4. 具体需求是什么

客户表达的需求往往不够具体，这可能会导致沟通上的误解。

例如，客户的需求是回报率高，但什么算是回报率高？客户的需求是回本速度快，但什么算是回本速度快？客户的需求是全方位运营支持，但什么算是全方位运营支持？

挖掘具体需求的沟通方法如下。

● 回报率高确实很重要，您觉得多高的回报率算是合理的？

● 回本速度快都是我们关注的。在合理范围内，您期望能在几个月回本？

● 全方位运营支持可以帮您更好地开店，您具体需要什么样的支持？例如，宣传获客、美团运营，或者其他什么方面？

### 5. 具体需求的动机是什么

深入挖掘具体需求的动机，也就是客户为什么产生了这个具体需求。挖掘动机可以帮助你获得更多客户没有表达出来的信息、需求和顾虑。我以加盟行业为例进行解释。

客户：我期望 3 个月回本。

电话销售人员：一般 6 个月能回本就算是速度很快了，您期望 3 个月回本的主要原因是什么？（挖掘需求背后的动机）

客户的回答可能千差万别。

客户 1：我和另一家沟通过，对方提到很多都是 3 个月回本。

客户 2：我的资金都是借的，必须在 3 个月内还给人家。

客户 3：我之前做过的项目 3 个月就回本了。

客户 4：我在想，6 个月太久了，6 个月后，你们不在了，怎么办？

## 6. 完整的需求都包括什么

完整的需求指的是客户所有的需求都有哪些？客户告诉你的需求往往未必完整，也许有些需求可能是客户没有意识到，或者不想告诉你，当你询问的时候，客户没有讲出来。

你需要提出问题，鼓励客户表达完整，让客户讲出更多的需求。

引导和鼓励客户表达完整的需求，最典型的提问方法如下。

- 除了您提到的回本速度快，还有哪些是您关心的？
- 除了您期望我们能提供线上运营支持外，还期望我们怎么帮助您？
- 您除了期望老师一定要友善外，还有什么期望？

## 7. 最重要的需求是什么

客户的需求虽然有很多，但未必每一个需求对客户来讲都非常重要。就像买衣服，虽然你关注品牌、款式、布料、做工、价格等，但经常是其中的一个因素让你做出了购买决定，而不是所有的因素都满足了你才会购买。

这个让你做出购买决定的因素，就是对你而言最重要的需求。客户的需求往往可以分为必须满足的需求和期望满足的需求。

任何一家公司的产品和方案都不可能满足客户所有的需求。客户的购买，一定是建立在放弃一些需求的基础上完成的。你必须要知道对客户而言，什么是最重要的，什么是必须要满足的，什么是期望满足的。

你可以通过以下提问的方式，来了解客户最重要的需求。

- 您提到的回本速度快、回报率高、投资小，这三个都是投资加盟的时候，客户会考虑的。但如果让您从 3 个里面选择 1 个，哪一个对您最重要？有没有哪个是您必须要满足的？

- 为什么这一点对您最重要？

## 8. 有没有和客户达成共识

现在，你已经和客户进行了一段时间的互动，客户也讲出了不少的需求。你需要总结并和客户确认其需求，以和客户达成共识，为了避免沟通上的误会。

最典型的确认需求的方法是："为了避免错误理解您的想法，我和您确认一下您的想法。您目前主要的关注点有 3 个，即回本快、回报率高、运营支持。其中，回本快是您最看重的。对吧？"

---

**测试**

接下来，我总结一下我和客户的沟通案例（实际情况要比下面的文字复杂很多，但万变不离其宗，背后的方法才是你需要掌握的），你结合这 8 个自检，看看能不能从对话中找到这 8 点。

电话销售人员：关于这个项目，你们最主要的目标有哪些？

客户：目前最主要的是转化率，一定要提高转化率。

电话销售人员：因此转化率是您的第一目标，对吧？关于转化率，您期望提高多少？

客户：从整个公司的角度来讲，3 个月后，至少要提高 50%。

电话销售人员：什么原因促使你定出这个目标？

客户：我们内部分析测算过，要完成今年的任务目标，要么增加人员，要么提高转化率。但增加人员，一方面招聘难，另一方面公司也没有这么多的人员设置。所以，我们的目标就是在不增加人员的情况下，通过提高转化率来完成业绩。

电话销售人员：明白，除了转化率，还有什么目标？

客户：重点还是转化率。

电话销售人员：项目目标现在基本确认。还有什么是您关心的？

客户：我们期望能力的培养能快速覆盖所有人，当然，我们没有那么多资金让老师给每个人培训，那样成本就太高了。

电话销售人员：快速覆盖全员，具体时间是多久？

客户：3 个月内，所有人都需要具备这种能力。

电话销售人员：3 个月内？是不是和您前面提到的目标有关系？

客户：是的，只有全员都做到了，才能完成目标。

电话销售人员：理解，您还有没有其他的关注点？

客户：我们公司人员很多，期望还能培养一批这个课程的内训师，这样他们可以为团队没有机会参加您课程的电话销售人员，包括一些后来者进行培训。

电话销售人员：理解，你期望内训师团队有多少人？

客户：这方面倒还没有仔细想过，也要看我们人员的理解程度，很多人做业务好，但做讲师，提炼归纳能力弱一些。

电话销售人员：确实是。其他还有什么是您关心的？

客户：其他就没有了。

电话销售人员：好的。您刚才提到快速覆盖全员、性价比高，包括培养管理层，哪一个对您最重要？

客户：覆盖全员。

电话销售人员：什么原因？

客户：只有全员能力得到提升，我才能不担心员工流失，团队也才能更加稳定。况且，这种能力的成长对他们个人成长来讲也非常有帮助。

　　电话销售人员：好的，理解了，避免理解错误，我确认一下，您的目标是期望转化率在 3 个月内提高 50%，而目前您还关心 3 个问题，即覆盖全员、培养讲师、性价比高，其中，覆盖全员对您最重要。您看，我这样理解是否正确？

　　客户：完全正确。

## 反问挖掘需求的 3 个关键点

### 面对客户提问的错误回应

　　在销售、服务、沟通的过程中，我们都容易犯的一个严重失误是：当客户提出问题时，电话销售人员会潜意识地顺着客户的问题去回答。

**场景 1**

　　客户：你们项目目前做得怎么样了？

　　电话销售人员：我们的项目做得非常不错，我会为您举例说明。

**场景 2**

　　客户：你们的投资费用是多少？

　　电话销售人员：我会重点告知您各店型的投资费用，并合理为您规划店型的投资预算。

**场景 3**

　　客户：怎么与你们公司合作，合作流程是什么？

　　电话销售人员：我将为您介绍项目的运作方式，以及从选址到开店，公司将给予客户哪些帮助。

这些回应都属于严重失误,影响巨大。因为客户每一个问题的背后,都潜藏着一个或若干个没有表达出来的信息、问题、需求、顾虑。当你不知道客户背后的真实想法和顾虑的时候,你的解答会有什么风险?

你要记住:客户不会无缘无故地提出某一个问题。例如,客户问价格,背后的想法可能有很多:想和另一家公司比较、想看看自己能不能承受、习惯性的"价格第一"思维、想现在就购买等。

无论你是想更清晰、更准确地解释,还是想更好地说服客户,你总是要先了解客户更真实的想法。

## 什么是反问

你可能会有疑问,既然直接解释是不正确的做法,那么正确的做法是什么?

正确的做法就是运用反问。反问就是当客户问你问题的时候,你通过反问来挖掘客户没有表达出来的信息、需求和顾虑,从而更好地把握客户的心理。

## 反问的 3 个关键步骤

### 1. 回应

如果你不回应客户的问题,就是不尊重客户,这样做甚至会惹恼客户。回应的方式一般是先给一个模糊的回答。

客户:加盟费是多少?

电话销售人员:感谢您关注,加盟费和加盟方式有很大的关系。

客户:你们多久送货?

电话销售人员:具体送货时间和您的期望也有一定的关系。

回应的目的是为了让客户感受到你对他的尊重,所以,你只要能让客户感受到这一点,如何回应客户倒显得不那么重要了。

## 2. 好处 / 理由

前面我介绍过好处提问法，这里不再解释了。

## 3. 反问

这是你真正想问的问题，你可以通过这个问题挖掘客户提问背后的信息、需求和顾虑。

例如，一接通电话，客户就问："加盟费多少钱？"你可以这样回答：

感谢您的信任，加盟费和加盟方式有关系，为了更清楚地为您解释，您之前对加盟行业的单店模式和代理模式，是否了解过？

这个回答很巧妙，不单单运用了反问，还通过反问对客户的心理状态做了一定程度的判断。如果客户了解单店和代理的区别，至少客户之前了解过行业或竞争对手。

再举一个电话销售人员直接回答客户的案例。

客户：我了解了好几家，都很难做。你们都有什么品种？

电话销售人员：我们有200多种品种供您使用，我给你介绍一下（之后详细介绍公司的各种品种，至少介绍5分钟）……

上述回答不合适。而是应该如下这样回答。

电话销售人员：品种确实很重要，正是这个原因，公司有200多种品种供您使用，其中A、B、C等是畅销品种。我会为您提供合理的搭配方案以符合您的期望，您期望有什么样的品类搭配/您觉得什么样的品类搭配会更好？

再看一个案例。

客户：设备都是我们自己买？

电话销售人员：是的，设备是你们自己买。

你可以尝试改一改回答方式：

客户：设备也都是我们自己买？

电话销售人员：是的，主要是考虑到不同客户的想法不同，这也是行业的通用做法。这方面您有什么问题？

通过这几个案例，你应该可以理解为什么你不能直接解释客户的问题，以及为什么你要运用反问来挖掘客户的信息、需求和顾虑。

## 积极倾听的 3 个关键步骤

和客户沟通，我认为最难的是"听"。倾听是一门学问，关于倾听，你需要了解积极倾听的 3 个关键步骤：

1. 回应；
2. 澄清；
3. 确认。

### 1. 回应

在沟通过程中，给予客户积极的回应，表明你尊重客户的同时，也能鼓励客户更好地表达他的想法。如果你面临一个持续不给你回应的沟通对象，你还会继续下去吗？

电话沟通中的积极回应有以下 3 种方法。

（1）**积极声音回应**。例如，"嗯，嗯，嗯""是的，是的""没错，没错"，这就是声音回应。当你用这种方法的时候，要注意两点：语气上要积极、肯定，避免敷衍的语气；节奏上要和客户说话的节奏保持一致，例如，客户停顿的时候，就是你回应的良机。

（2）**复述式回应**。另一种积极回应的方法是复述客户讲话过程中的重点内容以表明你在倾听。

例如，客户说："我们目前遇到的困难很大，新员工居多，对公司的认同度不是很高。而老员工已经到了一定的瓶颈期，也无法突破，在这种情况下，稍微遇到业绩阻碍，甚至都有崩盘的可能性。所以我们股东团队都非常着急，期望老师能帮助我们。"

这个时候，运用复述式回应可以说："嗯，新员工认同度低，老员工遇到瓶颈。"这句话就是复述式回应。

（3）**情感回应**。运用同理心、致歉、感谢、赞美等方式，回应你倾听到的客户的情感。

例如，上述案例中的客户对我说完那段话后，我可以这样讲："我能够感受到你们目前遇到的压力。"或者说："你们的判断是正确的，在这种情况下，确实很容易崩盘。"

总之，无论你用什么方法，为了鼓励客户持续表达，并体现出你对客户的尊重，你首先要积极回应。

## 2. 澄清

客户有时候没有完整地表达其观点、需求和顾虑。这时你就应该运用澄清的方法让客户将没有讲出来的部分完整地表达出来。

澄清就是围绕客户说的关键词，不断追问，鼓励客户讲出更多的信息和需求，避免双方理解有误。

最典型的澄清方式有以下3种。

（1）可否再讲一讲……
（2）具体是指……
（3）可否举个例子说明一下？

只要双方的内容存在理解上的差异的可能性，都需要澄清。

# 第10章　如何让自己成为客户的唯一选择

电话销售人员心中的痛：出局太早，连竞争的机会都没有。

做电话销售，你有没有遇到这样的情况：你和客户经过两三次沟通，你感觉客户特别有兴趣，怎么突然联系不上了？

虽然很多原因都可能导致这个问题，但很有可能，事实真相是这样的：客户觉得你和他人并没有什么区别，甚至客户觉得你还没有别人好。这就导致你还没机会进入竞争，就已经出局了。

出局太早的核心原因之一是你没有创造差异化。客户面临很多选择，他在不断淘汰供应商，最后留下来的基本上都是有特色的、让他举棋不定的几家供应商。

如果你和客户接触的初期，客户问你："你们和其他公司有什么不同？我为什么要从你们公司买？"你会怎么回答？我们一起看看电话销售冠军是怎么做的。

客户：我为什么要从你们公司买车险？

电话销售人员：感谢您问到这么重要的问题。为了解释得更具体，能否先请问一下，您是否觉得理赔速度和体验很重要？很多客户都很关心这两点。

客户：那肯定啊！

无独有偶，一个做餐饮招商加盟的销售冠军，他是这样回应客户的。

客户：你们和其他公司有什么不同？

电话销售人员：差异性还是很多的，详细解释起来会耽误您的时间，您看为了更有针对性地为您解释，我能否先请问您一个问题？

客户：请讲。

电话销售人员：我从事这个行业 5 年了，接触过很多加盟商，他们在选择快餐加盟项目的时候，都期望品牌方能在保证食材新鲜的同时，还要降低食材成本，这样利润才能更有保障。您觉得呢？

客户：那是当然。你们是怎么做的？

他们都在创造引导差异化的竞争优势。在我分享具体方法之前，请你必须重视以下两个问题。

- 在客户眼中，你和其他竞争品牌没有什么区别，这对你的转化率和收入有什么影响？
- 如果客户认为你和其他品牌完全不一样，你的公司最能满足其需求，这对你的转化率和收入又有什么帮助？

让你成为客户的唯一选择或首要选择，你需要理解并能实践：

- 引导差异化优势的 3 个步骤；
- 3 个关键的使用时机。

## 引导差异化优势的 3 个步骤

我在第 3 章和第 7 章，都提到过差异化优势，我再次强调差异化，是因为差异化很重要。实际上，引导创造差异化优势的具体方法非常简单，只需要 3 个步骤：

1. 找出或创造差异化优势；
2. 鼓励客户讨论并确认需求；
3. 深入挖掘需求的重要性。

## 1. 找出或创造差异化优势

经历第 3 章和第 7 章的学习，你应该已经知道了你的差异化，我再补充两个重要的观点：（1）人是最重要的差异化来源；（2）有时候，你需要去创造差异化。

电话销售人员经常会发出一种声音：我们的产品和竞品相比，差别不大，甚至不好；公司和其他公司差别不大，甚至还不够知名。但我们的价格却相对高。怎么办？

如果你内心也有这种想法，恐怕你对差异化来源的理解还不够透彻。差异化的三大来源是：人、行业 / 模式 / 公司 / 方案、项目 / 方案 / 产品。

如果公司和产品相差不大，人，也就是电话销售人员，是最重要的创造差异化的来源。客户在选择过程中，面对相似的两家公司和产品时，一般会选择那个让他感觉舒服、体验专业的人，这就是电话销售人员的价值。我给你举几个例子。

- 一个互联网推广的电话销售代表，每天晚上给客户讲网络营销课程；
- 一个车险的销售顾问，去给客户车队讲安全驾驶的课程；
- 一个招商顾问，费心费力，为客户制作了一份投资分析报告。

人是最重要的差异化来源。他们都在用个人的付出，通过个人来创造差异化竞争优势。

有时候你可能真的没有差异化，或者你的差异化并不能很好地吸引客户，在这种情况下，你需要去创造差异化。我给你分享一个我自己的实践案例：一句话，一张单。

我们公司曾经面临一个毫无优势可言的项目，如果正常提交方案，自然是没有胜算。我们该怎样创造差异化？我这样告诉客户："很多客户与我们合作的时候，都非常关心培训结束以后，能不能让培训的内容落地，使绩效真正得以改善。我不知道您对这个问题是怎么看的？"

客户问我："你们是怎么做的？"。

客户这么问代表事情有了转机，客户变得主动，这得益于差异化优势。但是，这个差异化优势是从无到有被创造出来的。结果我们得到了这个合作机会。

### 2. 鼓励客户讨论并确认需求

当你确定了你的差异化优势，接下来很关键：

（1）主动发起相关话题；

（2）鼓励客户讨论这些差异化能满足的需求；

（3）确认客户是否有该需求。

主动发起相关话题是指这个话题由你提出来。例如，我刚才讲的"落地"，客户没有主动咨询怎么落地，而是由我主动提出来的；如果你的差异化是"免费退款（零风险）"，你可以主动提出这个话题。

鼓励客户讨论这些差异化能满足的需求，是讨论客户的需求，而不是你的差异化。例如，"落地"是客户的需求，但我的差异化是"线上线下＋服务模式"，我能做的是通过"服务流程的设计"来满足客户"落地"的需求。客户不会与你讨论你的差异化，客户只关心他的需求。例如，"免费退款"是你的差异化，但你不能和客户讨论"免费退款"，你应该讨论的是"零风险"。

确认客户是否有该需求，就是客户是否关心这一点。

我们一起看几个例子。

● 很多客户觉得培训最难的是落地，最重要的是将学习的知识转化为能力，进而转化为业绩结果，您觉得呢？（我的差异化是线上线下、落地辅导服务，但我没有谈我的差异化，时机还不到）

● 很多客户都期望零风险合作，您的想法呢？（零风险是客户的需求，免费退款是服务卖点）

- 在充满变化和不确定的时代，很多创业者都觉得加盟餐饮店一定要投入小、回本快、运作简单、轻松赚钱，您觉得呢？（这是在谈客户的需求，而不是差异化优势）

- 在北京开店，不少客户觉得一线城市外卖体量十分巨大，房租和人力成本相对较高，一定得打通线上、线下并加大外卖力度，这样客量、收入和利润才会更好，您觉得呢？（讨论的是客户需求，而不是差异化）

- 很多选择线上英语学习机构的客户最看重的是老师，他们选老师有3个关键点：老师口语纯正、富有教学经验、友善耐心，您觉得呢？（讨论的是客户需求，而不是差异化）

- 很多客户都是第一次体验线上学习，他们对效果不太确定，他们都期望可以零风险学习，您觉得呢？（讨论的是客户需求，而不是差异化）

通过以上例子能看出，差异化优势引导的标准语言结构如下。

- 很多客户都觉得_____很重要，您觉得呢？
- 很多客户都喜欢 / 关心_____，您觉得呢？
- 上次有一位客户遇到了同样的问题，他特别关心_____，您是否也关心？

### 3. 深入挖掘需求的重要性

在确认了客户关心的某一需求后，接下来，你还需要做一件非常重要的事情：挖掘需求的重要性，也就是客户为什么关心这个需求。

这和我们上一章提的挖掘客户需求是一个道理，找到需求，还需要找动机。

你可以问客户以下问题。

- 这一点对您的重要性体现在哪些方面？
- 针对这一点，不同客户的想法不同，什么原因让您觉得这一点很重要?

## 3 个关键的使用时机

差异化优势引导法虽然很简单，但在使用过程中要求电话销售人员能把握住机会，在合适的时机下，自然而然地使用。

1. 结合前面挖需求的 8 个问题，在挖完整需求的时候使用该方法。例如，你可以将这个提问：其他还有什么是您关心的? 改成差异化优势引导法，举例如下。

电话销售人员：您刚才说的确实要考虑，同时，我们不少客户还觉得_____方面也很重要，您觉得呢?

2. 在挖需求的开始阶段使用，即在了解了客户的基本情况后使用该方法。

电话销售人员：您准备在哪里开店?
客户：苏州。
电话销售人员：苏州的城市特点是……在苏州开店，您需要关注……您觉得呢?

3. 面对客户提问，你反问的时候可以使用本方法。

客户：你们有什么不同?
电话销售人员：我们的不同有很多……另外，很多客户觉得……方面一定要考虑，您认为呢?

---

### 测试

在下面的对话中，差异化优势引导的 3 个关键步骤是怎样运用的?

电话销售人员：您都关心什么?

客户：回报率。

电话销售人员：回报率确实重要，我们的加盟商觉得在保证食材的新鲜度的同时，还要成本低，这样才更能赚钱。您觉得呢?

客户：这一点当然也很重要。

电话销售人员：理解了，食材新鲜度和成本对您的重要性一般体现在哪些方面?

# 第11章　如何激发客户行动的决心

电话销售人员心中的痛：虽然客户有需求，却始终不行动。

下面这些场景你很熟悉，也许每天都在你身上发生。

- 无论你什么时候和客户联系，客户都说感兴趣，但就是不来考察／不购买。
- 客户持观望态度。
- 客户总是说店面还没有选择好，时机还不成熟，想再等等／商量后再联系。

如果你身体不舒服，什么因素决定你要不要买药？要不要去医院治疗？什么时候去治疗？付出多少代价来治疗？你的回答就是本章我要介绍的重点。

你的回答可能与两个词有关：急迫性和重要性。激发客户行动决心的是需求的急迫性和重要性，不是需求本身。请你记住：

- 人们只会为紧急且重要的事情付出代价，采取行动；
- 紧急性决定了客户行动的速度，重要性决定了客户愿意付出代价的大小；
- 你和客户接触的那一刻，一定要考虑客户需求的急迫性和重要性的程度。

在讨论解决问题之前，你必须充分重视这个问题：

- 你有没有仔细考虑过，客户因为急迫性和重要性不够而迟迟不采取行动，对你的转化率和收入有什么影响？
- 如果客户认为购买你的产品是第一要务，需要马上开始行动，对你的转化率和收入又有什么帮助？

激发客户行动的决心在于激发客户需求的急迫性和重要性，你需要理解并掌握：

- 影响客户行动的 5 种力量；
- 挖准客户痛点的 2 个方法；
- 激发需求的激发式询问法。

## 影响客户行动的 5 种力量

过去 20 年，我遇到过不少犹豫、徘徊的客户，在经历了痛苦的评估抉择后，有些客户做出了正确的决定，他们选择借助外部力量，为他们的电话销售团队进行培训和辅导，提高员工能力和转化率。到底是什么促使了他们做出这个决定？

一个合作客户告诉我的决策真相很有代表性，他说："任何一个购买决定都是在推力和拉力的作用下完成的。推力是不得不做的事，拉力是想做的事。团队目前遇到的问题就像是推动我们的力量：人员流失率高、转化率低；电话量高，流水额低；成本高、利润低。这些问题迫使我们不得不采取行动，否则团队可能就崩塌了。

拉动我们的力量，是我们的梦想。我们知道，要实现团队的梦想，创造不一样的事业，没有强大的销售力量，几乎是一件不可能完成的任务。而要建立这样的团队，完全靠自己摸索，实在是耗费不起。借助您的经验换来时间和经验，是值得做的事情。"

人类的任何行动都是在推力和拉力的共同作用下完成的。推力，由痛苦推动，是不得不改变的现状；拉力，由梦想拉动，是渴望去改变的事情。这事实上也是人类的天性：逃避痛苦、追求快乐。

但是，是不是有了痛苦和梦想，行动就会自发产生？当然不是。客户的行动，除了推力和拉力，还受到另外 3 种力量的影响：重力、压力、阻力。

以放在斜坡上的立方体为例，这个立方体要向上移动，需要对其施以推力和拉力，这就是刚才提到的 2 种力量。但推力和拉力能不能让立方体向上移动，还取决于立方体自身的重力、可能受到的压力和阻力。

1. **重力**。重力自身具有阻碍前进的力量，如决策习惯、对自己的不相信等。试想，虽然你渴望改变且不得不改变，但你不相信你能改变，或者你不相信你的做法会实现你的目标。这样你就很难行动，因为你不太可能去做你根本就不相信的事情。

2. **压力**。如果压力过大，立方体将被压在斜坡上，难以前行。这种压力在很大程度上可以理解为客户对风险的承受力。对有些客户来讲，一点小风险就会让客户止步不前。他们往往这样想：万一达不到期望的结果怎么办？最后，他们决定不行动。

3. **阻力**。阻力是阻碍客户行动的力量如公司股东不同意，家人不同意等，这些都属于阻力。

综上所述，客户是否会采取行动受到 5 种力量的影响：推力、拉力、重力、压力和阻力。事实上，无论重力、压力和阻力有多大，只要推力和拉力足够大，客户自然会采取行动。

请你理解并记住一句话：当渴望足够强烈的时候，恐惧将不复存在。

## 挖准客户痛点的 2 种方法

痛点就是客户对现状的不满意，也是问题和麻烦，更是客户行动的推动力。

谈及痛苦，你可能会罗列很多：交不起房租、买不起房子、住不起医院；男朋友变心了、女朋友提出分手了、父母生病了、孩子哭闹了；老板批评了、工作没有了、旅游泡汤了；遇到不讲诚信的客户，说好的单子却不给你了。

这就是痛苦！客户和你一样，也有很多工作、生活、家庭等方面的痛苦。你的产品和服务应该是良药，它能帮助客户消除痛苦。就像本书，是帮助你消除你在销售环节遇到的痛苦的，但消除你痛苦的前提是先要知道你的痛苦。

和客户沟通，你不单单要能发现客户的痛苦，你更要快速地挖准客户的痛苦。有两种方法可以帮你做到这一点：

1. 通过需求快速引发痛苦；
2. 通过现状快速引发痛苦。

## 1. 通过需求快速引发痛苦

既然客户的需求是由痛苦推动的，那么，当客户已经产生需求的时候，我们也容易得出结论：每一个需求的背后往往都潜藏着若干个需要被解决的问题、不满和痛苦。

所以，当你挖掘客户需求的时候，就可以多了解客户需求背后的痛苦，如以下案例所示。

电话销售人员：您做这个项目的目标是什么？

客户：一年赚 30 万元。

电话销售人员：赚钱很重要，现在的收入是太低了还是收入与回报不成正比？

客户：两者都有。

电话销售人员：嗯。有些加盟商在创业前觉得工作太累、时间不自由，有时候遇到一个脾气不好的上司，还受气。您应该不会有这些痛苦吧？

客户：哪里，都有。

电话销售人员：都有也是正常的。那么最让您痛苦的、促使您想创业的事情是什么？

客户：我觉得没有事业感。

这就是从客户的需求着手，快速找准痛点的方法。

### 2. 通过现状快速引发痛苦

有时候，客户可能不想主动表达需求或者客户暂时还没有需求。在这种情况下，你可以尝试通过客户的"现状"来引发其痛苦，因为痛苦往往来自于客户的现状。

首先，你要能理解，痛苦来自于现状。例如，一个本来对钱不发愁的人，因为结婚购房的需求，就很可能引发"缺钱"的痛苦。"缺钱"的痛苦，是因为"要结婚"这个现状而引起的。例如，一个本来对转化率感到满意的客户，扩大团队规模导致人均转化率降低，这就有可能引发其对"转化率过低"而感到不满。这个不满是由扩大团队这个现状而引起的。

通过现状快速引发痛苦，你可以这样提问引导。

- 了解对方的相关现状。例如："您是做什么工作的？"
- 通过现状引发痛苦。例如："我们有些加盟商在加盟创业前都在工厂工作，他们觉得工厂工作辛苦、不自由、赚钱少。"

你有没有注意到这个提问的结构和引导差异化优势的方法是一样的，只不过，差异化优势引导出来的是需求。而这里，你引发的是痛苦。

### 不要把自己认为的痛苦当成客户的痛苦

你一定要避免电话销售人员常犯的一种错误：把自己认为痛苦的事情当成客户的痛苦。

电话销售人员：你们目前的流失率怎么样？

客户：流失率还是挺高的。（你可能会觉得客户认为这是痛苦，但事实上，我在和客户接触过程中，发现也有一些客户觉得这不是痛苦，也许他们觉得这是正常现象，或者他们希望不断流失不合适的、沉淀合适的。总之，他们对此是否感到痛苦，你无从知晓，所以，你要引导）

电话销售人员：流失率高是行业普遍现象，对您来讲，这是一个问题吗/这会让您感到焦虑或痛苦吗？（这就是你要引导问题：痛苦、焦虑、不满意等）

客户：当然是一个问题。（如果客户承认，那自然是一个痛苦）

你必须鼓励客户讲出他的痛苦、焦虑和不满意。

电话销售人员：流失率高是行业普遍现象，对您来讲，这是一个问题吗？

客户：这不算是一个问题，属于正常现象。

电话销售人员：流失率高的确是正常现象，但这么高的流失率肯定会造成招聘、培训、人员稳定等一系列的成本增加，您真的不心疼？

客户：要说心疼那是肯定的，只是也没有什么好办法。你有好办法吗？

这就是让客户承认痛苦。

## 提高你的专业能力

让客户承认痛苦与你的专业能力、提问方法都有很大的关系。如果你足够专业，你可以通过客户的基本情况轻松判断他的痛苦，自然也更容易和客户建立共鸣。

有一次，负责网络推广的一位学员问我："有些客户，他们对现状很满意，订单多到接不过来，已经停掉了网上的推广。请问，这种客户的需求该如何引导？"

也许你也会有这样的疑问：既然客户现在一切都好，为什么还要推广？这个问题的答案可能就是客户的痛点。

● 从客户获取角度来看，只关注老客户维护可能面临各种风险，如高质量客户少、和客户谈判力弱、合作价格低、客户流失率上升、利

一个问题，这个问题问完后，客户沉默了 1 秒钟，有些无可奈何地说："那行吧，你现在就帮我办了吧。"我问他的问题是："您告诉过我，您的产品 10 月初就要投放市场了。您也知道，从开始推广到被客户了解、购买，这是需要时间的，站在您的角度，我想，如果 10 月新产品投放市场，9 月底才开始推广，那等到新产品被您的客户知道并产生收入，估计要到 11 月了，到那个时候，新产品的收入该怎么被保证？您又怎么去评估新产品的市场接受度？这个问题，您考虑过没有？"

让我感到惊讶的不是我告诉他的方法是否有效，而是惊讶于他的实践力。过去差不多 16 年，我讲授电话销售方法论的课程，学习课程的电话销售人员估计 10 万人以上，但真正能领会到精髓的，我猜测不会超过 20%，其中能实践应用的就更少了。学习容易，实践难。

## 什么是激发式询问法

激发式询问法是一种提问方法，销售人员可以借助这种方法引发客户对目前痛苦所产生的后果和影响的思考，以及引导客户对问题解决后所带来的收益、目标实现的场景等进行积极想象和憧憬，从而激发客户需求的急迫性和重要性。

关于激发式询问法你需要了解以下 3 个观点。

1. 客户的痛苦、问题会带来更大的问题和一系列更严重的后果和影响。例如，电话销售团队人员成长慢会导致什么后果？

- 人员成长慢、流失率高、团队氛围不好，进一步影响团队成长，进而影响优秀销售人员对公司的信心，导致优秀人才流失。
- 人员成长慢导致转化率低，进而导致营销成本高、人才招聘成本高、培养成本高、管理成本高、收入低、利润低等。
- 人员成长慢会导致新人不断流动、人才结构不合理。
- 人员成长慢会导致客户流失、市场份额降低、敌强我弱。

2. 有时候，客户未必能深刻认知到这些后果和影响。此时电话销售人员的价值才凸显出来。电话销售人员帮助客户意识到这些严重的后果和影响，就是在为其创造价值。

3. 激发式询问是通过提问引导的方式让客户自己思考并察觉到，目前的问题对他的影响，而不是通过说服的方式。没有人喜欢被说服，况且，在你和客户之间的信任度不够的情况下，你的说服难以起到作用。

电话销售人员说："你一定要让小孩子马上报名学习，否则就跟不上了。"这是说服，而不是提问引导。

提问引导的方法是："如果小孩子现在还没有开始学习，一旦错过了这个最佳的时间点，之后当您想让他学习的时候，最佳时机已经错过了。您有没有考虑过，这对孩子会有什么影响？"

当然，说服也可以激发急迫性和重要性，关于说服的方法，我将在第四部分进行详细介绍。

### 激发式询问法的具体应用

激发式询问法的应用非常简单，即一正一反，激发需求：一个朝扩大痛苦的方向激发，另一个朝激发梦想和渴望的方向激发。

#### 1. 激发痛苦的询问方法

- 如果现在这个问题持续存在，不知对您会有什么影响？
- 这个问题会不会影响到_____方面？
- 这个问题对_____方面有什么影响？
- 什么人会受到这个问题的影响？
- 如果您现在不立刻行动，目标将怎么实现？

#### 2. 激发梦想的询问方法

- 加盟 3 个月，每个月都可以轻松盈利 3 万元，您对此感觉如何？

- 目标实现了，您是不是感觉很好？
- 未来两年开 10 家店，这不就是您期望的吗？

我经常这样使用激发式询问法，供你参考。

- 这个问题的解决方法可大可小。如果不重要，对您影响小，我们就简单一些。如果重要，对您影响大，大家就重视一些。这个问题，对您的重要性如何？
- 解决这个问题需要您的投入和决心，您真的有决心吗？
- 如果现在这个问题持续存在，不知对您会有什么影响？
- 目前团队能力不够对转化率有什么影响？
- 转化率低对流失率有什么影响？对利润有什么影响？
- 那些公司骨干更期望在一个更有发展的平台发展。目前公司的现状会不会影响他们对公司的信心？
- 如果您现在还不立刻行动，时间很快过去，何况内化也需要时间，到时候，您的目标将怎么实现？
- 您可以想象，3 个月后，问题得以解决、转化率得到提升、团队稳定、人员开心、你的时间和精力可以更多地放在其他重要的事情上了，那时的生活会怎么样？

## 为什么有时激发式询问法不起作用

很多人明明知道吸烟有害健康，但为什么还要吸烟？而对有剧毒的氰化钾为什么没有人主动去尝试呢？因为吸烟的危害不会在当下体现出来；而氰化钾的危害立竿见影。

激发式询问引导的方向，最好是短期内能让客户深刻感受到的痛苦或快乐。如果你引导的方向是长期的、难以感受到的痛苦或快乐，一般也很难引发客户的思考。

另外，沟通中的融洽氛围、信任关系、互动方法、价值传递都会起到关键作用。同时，你也要理解，即使客户不回答你的询问，你也启发了客户的思维。

接下来通过两个案例来看看如何激发客户需求。

**案例 1**

电话销售人员：目前你最关心的问题是什么？

客户：我的团队成员在给客户打电话时，经常被挂电话。

电话销售人员：这是目前很多电话销售团队面临的普遍现象，那么，大概都会在什么情况下被挂断电话呢？

客户：情况很多，很多问题都不知该怎么应对。

电话销售人员：我的理解就是当电话销售人员遇到客户的各种拒绝时，他们没有办法应对，而草率结束电话，对吗？

客户：是的。

电话销售人员：我理解了，这不是个别现象吧？

客户：80% 的销售人员都会遇到类似的情况。

电话销售人员：80%，很多啊。根据我的经验，做网络推广，一个销售人员每天最少打 100 个电话，而 50% 的情况下不知如何应对，您的情况呢？

客户：我们也差不多，有可能更高。

电话销售人员：我在想，如果 100 个人中 80 个人都会遇到类似情况，而 80 个人当中每天 50% 都是类似无法处理的情况，换句话说，就因为这个问题没能得以解决，相当于造成了 40% 的人员的工作是没有效率的，每人每月的工资按 3 000 元计算，每月就浪费了 12 万元啊。您计算过吗？

客户：这样……嗯。

电话销售人员：况且这还不包括因此而造成的人员流失、招聘、培训的成本，以及您的管理费用、办公室租金、电话费等成本。

客户：这样……嗯。

电话销售人员：如果您仔细算算，这种损失是相当大的，有没有考虑过怎么解决呢?

客户：你说的有道理，我该怎么解决呢?

## 案例2

这个案例很有意思，我开始和客户沟通的时候，并没有提到课程，但是在沟通的过程中，引发了客户的需求，后来客户主动购买了我的课程。如果你能看懂我沟通背后的思维，说明你真的理解了本章介绍的方法。

电话销售人员：目前团队面临的主要问题是什么?

客户：上次培训后，我回到公司，做了一个学习室。以前大家都不学习，现在，至少员工们开始学习了。

电话销售人员：这是好事情，您认为团队目前最大的瓶颈是什么?

客户：我觉得现在面临老员工的成长瓶颈，老员工最近流失了几个。想让老员工以老带新，但新人还没有成长起来，老员工就离职了。

电话销售人员：老员工的成长突破需要持续的学习。

客户：我们的老员工都是实战出来的，他们更喜欢做些案例分析并在内部分享。而系统性、理论性强的学习，他们学不进去。

电话销售人员：我的很多客户和您类似，采用以老带新的方式，但结果都不理想。老员工的业绩受到影响，新员工的成长速度也没有提高，最后还是得不偿失。你这里情况怎么样?

客户：我们也不是很理想，可能是因为老员工带新员工的方法不对吧。

电话销售人员：以老带新效果不好的原因有很多，其中一个很重要的原因是老员工缺乏系统的方法。老员工都是按照自己的经验来带新员工，但老员工的经验是自己摸索实践的结果，因为缺乏系统的指导，适合自己却不一定适合其他人。您觉得呢?

客户：您说的是，肯定有这方面原因。

电话销售人员：还有一个问题，您刚才提到老员工因为遇到瓶颈期而流失，您有没有考虑过，他们所遇到的瓶颈期和缺乏系统方法的持续指导有什么关系？

客户：嗯，肯定有关系，确实是。

电话销售人员：您之前告诉过我，当时是您亲自带领并指导现在的老员工，他们才有了今天的成就。电话销售团队有一个特点，即一代不如一代。您有没有考虑过，您现在的老员工带新员工都已经很困难了，持续下去，现在的新员工再带新人的时候，又会是什么情况？您的团队该怎么办？

客户：老师，我理解您的意思，我觉得我们也确实需要系统的方法论的指导，就是我们的员工不太喜欢系统的方法。

电话销售人员：您刚才提到老员工不太喜欢系统的方法论指导，这倒是一个实际情况，很多电话销售团队的老员工都是这样的，正是因为这个原因，您才需要帮助他们做出改变啊！喜欢和需要是两个不同的概念。您团队的电话销售人员的思想境界达不到您的高度，自然喜欢做一些自己喜欢做的事情。但他们真正需要什么？您肯定比他们看得准。做应该做的事情，而不是做喜欢做的事情。您觉得呢？

客户：您说的对。您有什么建议，我们该怎么办？

请思考，上述对话都用到了本章提及的哪些方法？

# 第12章 如何挖掘顾虑背后的真实需求

电话销售人员心中的痛：无法把握客户的真实顾虑，更难以把握其顾虑背后的真实需求。看看以下几个场景，你是这样沟通的吗？

## 场景1

客户：价格太贵了。

电话销售人员：其实不算贵了，我们的服务和品质都跟得上。

## 场景2

客户：不是很合适。

电话销售人员：怎么能不合适呢？我们1个月开了100家店了。

## 场景3

客户：我们的合作需要暂停一下。

电话销售人员：不会吧，我们都已经做了这么多工作，这个时候停下来，我怎么向公司交代？咱们还是按照原计划进行吧，如何？

## 场景4

客户：你们的加盟费太高了。

电话销售人员：加盟费高？我理解您的想法，什么原因让您有这个想法？

客户：这个行业很透明，我接触了其他类似的品牌商，他们的加盟费比你们低多了。

电话销售人员：我理解您说的，我们的加盟费在同品类中确实偏高。

但您知道为什么我们的加盟费高还能在短短 3 个月中吸引 400 家加盟商加盟吗？我给您解释一下……

上述哪种沟通方法最合适？

客户的顾虑贯穿于整个成交流程，顾虑的背后反映了多种多样的需求。所以你必须充分重视下面两个问题。

- 如果你不知道客户真实的顾虑，也不知道其顾虑背后的需求，那么这对你的转化率和收入有什么影响？
- 如果你能把握客户的真实顾虑，以及顾虑背后的真实需求，那么这对你的转化率和收入又有什么帮助？

把握客户顾虑背后的真实需求，你需要掌握并做到以下 3 点：

- 区分顾虑和需求；
- 挖掘顾虑背后需求的 4 个步骤；
- 你需要主动挖掘客户的顾虑。

## 区分顾虑和需求

顾虑是阻碍客户购买的各种担心、产品的缺点、不满意、不信任、误解等。举例如下。

- 价格太贵了！
- 你们说的是否都能做到？
- 不会找不到你们了吧？
- 听说你们的产品维修率很高，是因为质量不好吗？
- 现在时机还不合适。

需求是客户的期望、想法、目标，以及其认为重要的因素等。举例如下。

- 再降点价就合作。
- 有保证我们就合作。
- 维修率这么高，你们能解决吗？能解决就可以再谈谈。

### 顾虑和需求有什么关系

客户表达的往往是其顾虑，而不是其需求。其顾虑的背后往往是未被满足的需求。例如：客户认为，价格太高，这是顾虑；客户期望降价，这就是需求。

顾虑不是需求。电话销售人员犯的一个典型错误是：他们往往把客户的顾虑理解成了客户的需求。举例如下。

客户：我听说产品质量不行，返修率高。

电话销售人员：您听谁说的？

客户：我从网上看到的。

电话销售人员：您可以从京东、天猫、淘宝上看看，几乎所有知名品牌都有很多负面评价，即使有这些负面评价，我们也不能说这些品牌不好。对吧？

客户：嗯。

电话销售人员：所以，您不用担心，我们的产品肯定没有问题，您看帮您订哪款？

客户：再看看吧。

在这个案例中，电话销售人员打消客户的顾虑了吗？客户顾虑背后的需求可能是什么？他是否满足了客户的需求？事实上并没有。

## 挖掘客户顾虑背后需求的 4 个步骤

如何才能挖掘顾虑背后真实的需求？优秀和卓越之间，往往就差一句话。我带你看看刚才案例中，电话销售人员怎么做才能挖掘客户的真实顾虑。

客户：我感觉你们的加盟费很高。

电话销售人员：加盟费高？我理解您的想法，什么原因让您有这个想法？

客户：这个行业很透明，我接触了其他类似的加盟商，他们的加盟费比你们低多了。

电话销售人员：我理解您说的，确实我们的加盟费在同品类中偏高。另外，我感觉您并不觉得加盟费高，而是您还不确定这个加盟费是值得的。您是期望能在合作前更进一步确定，无论加盟费多高，都值得和我们合作。对吗？

实际上，最后一句话引导客户确认了其顾虑背后真实的需求。

挖掘客户顾虑背后的真实需求，你需要做到以下 4 点：

1. 构建融洽的氛围；
2. 横向、纵向挖掘客户顾虑；
3. 询问客户的需求 / 期望；
4. 确认客户顾虑背后的真实需求。

## 1. 构建融洽的氛围

当客户存在顾虑的时候，很多电话销售人员往往会询问客户原因。但当你询问客户原因的时候，客户很可能不会回答。

**场景 1**

电话销售人员：您都在考虑什么呢？

客户：我就是想再考虑一下。

**场景 2**

电话销售人员：价格高，您主要和什么比较呢？

客户：也没什么。

客户为什么不回答？我多次提到 4 个不：融洽氛围不够、信任关系不强、互动方法不对、价值传递不足。简单来理解，你需要通过加强信任、运用同理心、感谢或致歉等方式塑造融洽关系，这是挖掘客户顾虑背后真实需求的基础。

### 2. 横向、纵向挖掘客户顾虑

我刚才提到，客户顾虑的背后往往是其未被满足的需求。你自然可以使用挖掘其需求的方法，通客户过纵向、横向来挖掘其顾虑。

（1）纵向挖掘其顾虑的方式如下。

● 您这样讲一定有您的想法，不知道是出于什么考虑？不知我能否帮您解决？

● 我理解，我们的价格确实不便宜，您主要是和什么比较呢？

（2）横向挖掘顾虑的方式如下。

● 我理解您担心价格是否是全国统一的，还有没有其他原因让您觉得价格高？

● 如果沟通后，您确认您的需求能够得以满足，是不是可以进入下一步？

● 加盟费的问题是不是您最后的顾虑？

### 3. 询问客户的需求 / 期望

这是非常关键的一步，通过前面的挖掘，你已经很清楚客户的担心和顾虑了，但客户的需求是什么？客户期望用什么方法解决他的问题？你可以这样问：

- 我理解您的想法，为了顺利合作，您的想法是怎样的？
- 关于这个担心，您期望怎么解决？
- 您期望知道什么证据，才会更安心？

## 4. 确认客户顾虑背后的真实需求

你需要就顾虑背后的真实需求与客户达成共识。你可以这样问：

- 在合作前，您希望我能证明我们有这种能力。对吧？
- 我的理解是，一旦我们就加盟费达成共识，您就可以支付了，对吧？
- 您担心投资回报是非常有必要的，听上去，如果您确定投资回报符合您的心理预期，就可以安排考察，洽谈合作细节了，对吧？

---

**测试**

从下述对话中，找到本节介绍的 4 个步骤的应用。

客户：有些不合适。

电话销售人员：一定是什么地方我们没有做对，为了更好地为您服务，请问是什么原因呢？谢谢您。

客户：加盟费太高了。

电话销售人员：坦率来讲，在同品类中，我们的加盟费虽然不是最高的，但确实也不是最低的。您是和什么比较觉得我们的加盟费高，还是其他原因？

客户：和 A 项目相比。

电话销售人员：感谢您对我们的信任，请问还有其他阻碍我们合作的原因吗？

客户：没有了。

电话销售人员：我了解了，抱歉，可能我们之前沟通不到位，导致您有这个困惑。我的理解是，如果沟通后，您发现即使我们高一些，也非常值得合作，是不是就可以洽谈协议细节了？

## 你需要主动挖掘客户的顾虑

大部分电话销售人员挖掘客户的顾虑都是在客户提出顾虑的时候才开始的。如果客户不提，电话销售人员也不会主动问，或者认为客户没有顾虑。你要知道：

- 你不主动挖掘客户的顾虑，不代表客户没有；
- 你不主动挖掘客户的顾虑，不代表客户会打消顾虑；
- 你不主动挖掘客户的顾虑，客户顾虑不尽早得以解决，属于你的机会可能会消失；
- 你不主动挖掘客户的顾虑，后期挖掘的难度更大；
- 挖需求阶段是挖掘客户顾虑的最佳时机。

你需要主动去挖掘客户的顾虑，举例如下。

电话销售人员：您第一次和我们合作，有一些担心和顾虑是正常的。您可以讲一讲，我给您解释，这一方面便于您选择，另一方面也便于后期咱们的合作更愉快。

客户：你们的物料成本是不是太高了？

在这个案例中，如果电话销售人员不问，客户就不会主动讲。这样一来，电话销售人员就错过了一次打消客户顾虑并解决客户问题的机会。

主动挖掘客户的顾虑是你自信的表现，也是你用心服务的表现。

6. 得到客户真实的反馈。

本部分重点为你解决以下 4 个问题。

- 如何讲才能快速让客户听明白?

- 如何塑造价值、激发渴望、促使行动?

- 如何促使客户认可产品?

- 如何促使客户接受高价格?

# 第 13 章　如何讲才能快速让客户听明白

电话销售人员心中往往有一个痛：客户怎么就不明白我在说什么？

在你介绍完后，有耐心、有兴趣的客户可能会说："没听懂，你再说一遍。"而没有耐心或兴趣度不高的客户则会说："好的，知道了，再说吧。"

你必须充分重视这个问题，你有没有仔细考虑过以下问题。

- 客户听不明白，对你的转化率和收入有什么影响？
- 如果你可以更快速地让客户理解你说的话，对你的转化率和收入又有什么帮助？

客户为什么不能理解你？常见的障碍有以下 3 个：

- 时机不对，导致客户不想听或不能听；
- 没有吸引客户注意力或分散客户注意力；
- 缺乏逻辑性，导致客户理解混乱。

围绕这 3 个原因，为了快速地让客户听明白你说的话，你需要掌握以下 4 种方法：

- 把握合适的 3 个时机；
- 吸引客户注意力的 5 种方法；
- 逻辑性表达的 5 种方法；
- 帮助客户理解的 2 个建议。

## 把握合适的 3 个时机

导致客户误会的第一个原因是：介绍的时机不合适。

你是否想过，当你谈方案，介绍公司、项目和产品的时候，客户是否处于一个合适的倾听状态？你是否知道客户此时此刻在做什么？

适合做介绍的时机需要符合 3 个 "合适"：

● 客户时间合适，即有足够充分的时间听你介绍；

● 客户兴趣合适，即有足够的兴趣和需求；

● 客户心情合适，即心情平静或情绪好。

把握合适的时机有 3 种方法：

1. 自然过渡；

2. 预约沟通；

3. 关注情绪。

### 1. 自然过渡

自然过渡是指从挖需求自然地过渡到谈方案，让你的介绍看上去自然而然，避免客户的抗拒。挖需求以总结客户的需求为结束的标志。而总结客户的需求，也是承上启下的一句话。这句话上接需求，下接方案。

具体怎么理解？举例如下。

● 我的理解是，您的需求是这样的……您肯定也想知道 A 公司是如何做的，对吧？

● 我总结下您的想法，您的关注点主要有 3 个……对吧？我接下来向您解释我们是如何做的，您现在方便吗？

上面这两个例子，前半段是总结客户的需求，后半段是为谈方案做铺垫。

### 2. 预约沟通

在正常情况下，你的所有跟进沟通应当都是提前预约的。你在没有预约的情况下给客户打电话，一方面客户未必能接电话，另一方面如果你要谈的内容需要深度沟通，对方的时间也未必合适，况且对方也未必能对你计划谈的内容有心理准备。

你可以通过微信或电话提前预约（一般你在上一次通话结束时就需要预约下一次的沟通时间）具体的沟通时间、主题及参与人。

在提前预约的基础上自然会更容易展开深入沟通。

### 3. 关注情绪

在客户情绪不佳的时候，你可以帮助客户排忧解难，否则，别为难客户，也别自找没趣，你只能再预约其他时间。

## 吸引客户注意力的 5 种方法

导致客户误会的第二个原因是：介绍的时候没有抓住客户的注意力。

在生活中，当你和你的伴侣沟通的时候，对方有没有说过以下这类话？

- 你没有听到我说的话吗？
- 我刚才告诉过你了，你没有听到吗？
- 你怎么回事，当我是空气吗？

出现上述情况的主要原因是：你在和对方说话前没有引起对方的注意。

为了避免类似场景，向客户说一件事的时候，你一定要想一想以下两点。

● 如果客户的注意力不在你的身上，但你的介绍已经开始了，会不会导致客户听不到你的一些关键信息？

● 在介绍过程中，客户的注意力会不会被分散？

在介绍过程中，你需要持续吸引、随时抓住客户的注意力，以下 5 种方法供你参考：

1. 在开始介绍时，先讲需求；
2. 在介绍过程中，运用自问自答；
3. 在介绍过程中，重复强调重点；
4. 在介绍过程中，用疑问代替陈述；
5. 在介绍过程中，借助引用。

### 1. 在开始介绍时，先讲需求

客户对什么感兴趣？客户关注什么？客户关注的就是他的需求。在你向客户介绍之前，最好提及客户的需求，让客户的头脑中马上产生一个声音：这是我关心的，是我想实现的。

● 刚才您提到您关心我们的运营支持，尤其是线上运营是怎么做的，对吧？我们……

● 我了解到您关心投资回报率的问题，我给您解释一下……

● 您刚才提到，您期望用最省钱的方法提高转化率，我建议……

### 2. 在介绍过程中，运用自问自答

什么是自问自答？就是自己提出问题，自己回答。提出问题的目的不是为了让对方回答，而是为了吸引对方的注意力。举例如下。

● 我们的加盟费和其他公司相比确实高了 20%，但为什么我们的加盟商都觉得很超值呢？有 3 个关键原因……
● 您知道我们怎么做到在保证食材新鲜的同时，成本还低吗？
● 为什么我们的项目在短短 3 个月内能有 200 家加盟商？因为……

## 3. 在介绍过程中，重复强调重点

重复强调重点就是强调关键点，从而吸引客户的注意力。举例如下。

● 我们承诺：不满意无条件退款，无条件退款。
● 目前最快的店 3 个月就回本了，是的，3 个月就回本了。
● 第一年的投资回报率平均在 50% 以上，这个数据是基于我们各个门店的运营数据统计出来的，没错，第一年投资回报率平均在 50% 以上。

## 4. 在介绍过程中，用疑问代替陈述

用疑问代替陈述是为了加强语气并吸引客户的注意力（见表 13-1）。

表 13-1　　陈述句与疑问句对比示例

| 陈述的方式 | 换成疑问的语气 |
| --- | --- |
| 在县城开店一定要选择当地没有的项目 | 在县城开店，选择当地没有的项目，不是最重要的吗 |
| 您选择这么大的项目，一个人运营，吃不消的 | 您选择这么大的项目，一个人运营能吃得消吗 |
| 持续的巩固和不断的实践才能更好地实现落地和转化 | 只有持续的巩固和不断的实践才能更好地实现落地和转化，不是吗 |

## 5. 在介绍过程中，借助引用

引用就是引用大家都熟悉的话，如名人名言、数据、谚语、成语、历史典故等，这样做更具有说服力。举例如下。

● 中央电视台最近有一则新闻，提到……这意味着……

● 亚马逊 CEO 杰夫·贝佐斯说过："你要多去研究不变的东西，不变的东西就是永恒的底层逻辑。"而本书中的内容就是销售中不变的规律，也是销售的底层逻辑。

## 逻辑性表达的 5 种方法

导致客户误会的第三个原因是：电话销售人员讲话缺乏逻辑性。

客户：你们的项目有什么特色？

电话销售人员：我们的项目主打堂食和外卖，打通线上、线下的网红爆款项目，也是国内第一家推出单人单份烤鱼饭的品牌，大份烤鱼一个人也吃不完，对吧？况且，大份烤鱼口味单一，不是香辣就是麻辣，也不适合老年人和小孩，而我们单人单份烤鱼，一个人吃起来也很轻松。对了，刚才谈到口味，口味很多，有十多种，麻辣、香辣、椒盐、番茄、五香等，适合不同口味的人食用。我们有自有的供应链体系，也都是别人没有的……

客户：你说什么？麻烦再说一遍。

这个案例中的电话销售人员就是属于逻辑混乱。那么，如何讲话才能逻辑清晰，让客户更容易理解？你需要掌握以下 5 个原则。

1. 空间：先上后下，先左后右，先外后内，先正后反。
2. 时间：按照事件发生的先后顺序，强调关键节点。
3. 大小：先大后小，先框架后细节。
4. 主次：先主后次。
5. 总分总：结论，论点，结论。

## 1. 空间：先上后下，先左后右，先外后内，先正后反

如果你向客户介绍的是实体产品，则一般具有空间属性，你可以遵循此原则：先上后下，先左后右，先外后内，先正后反。例如，实体店的门头设计、装修风格等；酒的外包装、瓶子等；衣柜的外观等。举例如下。

从外包装来说，这瓶酒采用香槟金色的外包装。酒盒正面的上面部分写有"原浆"2字，彰显了这款酒的品质。"原浆"两个字下面的年份标示代表这款酒的发行意义。酒盒背面写有"大师风范"4个大字，体现了这款酒的出身高贵。单就外包装，您的客户一眼看上去就会感到产品的与众不同，认为其有品位、有档次。

## 2. 时间：按照事件发生的先后顺序，强调关键节点

如果你介绍的内容涉及时间，则可以遵循本原则：按照事件发生的先后顺序，强调关键节点。例如，向客户介绍合作的流程、解释事情发生的经过和前因后果等。

我以我的"电话销售精英百日之旅"项目的合作流程为例举例说明。

客户：合作流程一般是什么样的？

电话销售人员：赵总，感谢您关心合作流程。我们的合作流程有3个关键步骤，我先向您简单解释一下。

第一步，双方在初步接触后，如果彼此认可，我们可以通过书面形式确认合作意向书。这个阶段预计一周左右。

第二步，我方展开深入调研，和您讨论并确定项目执行的具体方案。这个阶段预计两周左右。

第三步，双方协商并确定沟通合作方面的商务细节，如价格、付款方式等。这个阶段一般很快，一周左右。

赵总，您更关心哪个环节？我再为您详细解释一下。

### 3. 大小：先大后小，先框架后细节

无论你是销售项目、产品，还是介绍方案、提出建议，都需要遵循本原则：介绍的时候，先讲框架结构，再根据客户的关心点，介绍某一点的细节。

以招商加盟行业为例，客户不了解单店和代理的区别。按照此原则，你可以按如下方式讲。

客户：单店和代理有什么区别？

电话销售人员：简单来讲，单店就是您自己开店或者您和别人合伙开店，您的收入主要来自于这个店的收入。而代理是指您负责一个区域的市场开发，您的收入更多地来自于您所在区域的单店的收益。您对哪一个更感兴趣，更想做哪种类型的合作？我重点给您解释。

客户：单店吧，请重点解释一下。

电话销售人员：没有问题，我马上为您解释。对于单店，您是关心单店的开店成本、投资回报率，还是哪方面？

### 4. 主次：先主后次

一般来讲，客户虽然想从你这里了解的内容有很多，却并不代表这些信息对客户同等重要。当你需要向客户介绍的内容很多的时候，你就需要应用此原则。

先主后次就是先介绍重要的、主要的、客户最关心的内容，其他相对不重要的可以保留放在后面，根据具体情况再介绍。

如何确定什么是主要信息？有两个思维方向：（1）满足客户的核心需求、必须满足的需求、解决客户最关心的问题的卖点；（2）你的差异化竞争优势、独特性、特色。

以下面这段对话为例说明。

客户：你们有什么不同？

电话销售人员：虽然我们和市场上其他品牌差异很大，但我重点从 3 个方面为您解释：第一，绝对优质的原材料；第二，绝对保证的食材新鲜度；第三，与众不同的产品包装。您最想了解哪一个，我重点为您解释？

### 5. 总分总：结论，论点，结论

总分总的表达方式，应当是非常通用、简单、有效的一种表达方式。这种方式的主旨是，先向客户讲明你的观点、建议、卖点，之后给出理由，最后再总结结论。举例如下。

电话销售人员：在您那个区域，您必须把线上外卖做起来，这样才能使利益最大化。原因有 3 个……所以，线上外卖对您很重要。您觉得呢？

电话销售人员：您知道为什么单人单份烤鱼饭会被消费者接受？有 3 个原因：第一，单身人群的数量增加，他们都习惯点外卖；第二，您所在的区域还没有这样的单人单份烤鱼饭；第三，无骨无刺的鱼对消费者来说吃起来方便。基于这三个原因，在很多地方，烤鱼饭一开店马上就火爆了。

这两个例子就是典型的总分总表达方式。

## 帮助客户理解的 2 个建议

有时候，可能因为客户个人的原因，如年龄偏大的客户、听力方面有障碍的客户，或者相关知识缺乏的客户，可能难以理解你所讲的内容。怎么办呢？我提出了以下建议：

1. 运用比喻的方法；
2. 少用专业术语。

## 1. 运用比喻的方法

对于一些晦涩难懂的事物，运用比喻的方法更好。比喻，通俗讲就是打比方，举例子。对一些深奥、客户不太容易理解的地方，电话销售人员应该用浅显易懂的方式来表达，从而让客户更加容易理解。

常用的方法有类似这样的表达：例如、举例来讲、就是、好像、仿佛。

举个例子。一家 B2B 网站的推广服务包含黄金展位服务，但客户不能理解什么是黄金展位。

客户问：什么是黄金展位？

电话销售人员：我为您解释一下，黄金展位是我们网站上最显眼的一个位置。举例来讲，黄金展位，就相当于您目前市场里最好位置的店铺，一进入市场就会被看到，自然客流量也最多。黄金展位也是这个意思，我给您提供的黄金展位也是我们网站上位置最好、最显眼的广告位，自然也会带来最大的流量。不知道我是否解释清楚了？

## 2. 少用专业术语

专业术语往往是指你所在行业的术语（只有行业内的人才可能懂）、所在公司的术语（只有公司内的人才可能懂）、产品术语（只有很了解该产品的人才可能懂）。电话销售人员在和客户沟通的时候要尽可能少用专业术语，因为客户听不懂。

以一家外企为例，该企业有一个内部命名为"Super 计划"的服务。该企业的电话销售人员给客户讲：我们的 Super 服务计划主要包括 3 个服务项目……

这里，"Super"就是专业术语。与其说一个客户听不懂的专业术语，不如告诉客户：我们现在有一个特别的优惠服务……

# 第14章 如何塑造价值、激发渴望、促使行动

电话销售人员心中都有一个痛：在介绍产品前，客户还有兴趣，但介绍完之后，客户反倒没有兴趣了。

导致这一现象的原因是价值塑造不到位，具体表现为3个"不"：

- 不合适，即你没有讲到客户心坎上；
- 不相信，即客户对你心怀疑虑；
- 不值得，即虽然项目/产品合适，也值得信任，但解决问题的代价太大。

在谈解决方法前，你必须重视这个问题，请你仔细思考以下问题。

- 你每天耗费那么多时间和精力向客户讲了那么多话，结果不仅不能打动客户，甚至还让客户退缩了，这对你的转化率和收入有什么影响？
- 如果你讲的每一句话，你付出的每一分钟、每一份精力，都能起到推动客户前行的作用，这对提高你的转化率和收入又会有什么帮助？

为了塑造价值、激发渴望，你至少要掌握以下3个方法：

- 塑造价值的 EFABC 法则；
- 取得信任的4类证据；
- 激发渴望的案例故事法。

## 塑造价值的 EFABC 法则

请你思考一个问题：假设当你接触到一个看上去可以满足你需求的销售方时，你内心会有什么想法？

一般情况下，你可能会有以下 6 种想法。

- 你的差异化如何？
- 你的项目是否适合我？
- 购买你的产品 / 做你的项目，对我的独特帮助 / 好处是什么？
- 你说的是真的吗？
- 投资回报如何？是否值得？
- 我能做到吗？

为了塑造价值、激发渴望，电话销售人员应该先说客户想听的，再说需要说的。这就形成了塑造价值的 EFABC 法则（见表 14-1）。

表 14-1　　EFABC 法则

| 客户在想什么 / 想听到什么 | 针对客户所想，你需要说什么 |
| --- | --- |
| 我的需求是什么 / 我的情况 / 我的问题 | 同理心（E） |
| 怎样做到的 / 有什么不同和好处 | 将需求与特色、利益相结合（FAB） |
| 我理解正确吗 / 认同吗 | 确认得到客户的反馈（C） |
| 客户的担心和顾虑是什么 / 有保障吗 / 有陷阱吗 / 你说的是真的吗 / 你能做到吗 / 我能做到吗 | 案例 / 证据 / 保证 |

### 1. 同理心

同理心（Empathy，E）是指了解客户的需求，并将需求场景化，目的是将客户的注意力集中于其需求、关注点及应用场景中。我在第 13 章强调过，在介绍产品前，电话销售人员要先吸引客户的注意力，而谈客户的

（3）B（Benefit）：好处，即你能为客户带来的好处和价值。

## FAB 应用的典型误区

在和你谈 FAB 的具体应用之前，请先看一个案例，我将从中解释 FAB 的应用，以及产品介绍中的常见错误。

王先生在网上看到了快餐加盟 A 公司的一则广告，广告上的一点引起了他的兴趣：简单、不费精力、不需要太多人手。他想到自己的儿子马上要大学毕业了。考虑到儿子未来的工作，他想给儿子投资一个门店，让儿子在学习的同时花点精力在创业上，也为毕业后进入社会奠定一些基础。对他来讲，赚多少钱无所谓，最关键是让儿子有一个逐步适应社会的过程。在他注册留下手机号码的 5 分钟后，该品牌方的招商顾问给他打了一个电话。

电话销售人员：王先生，我是 A 公司的销售顾问，我看到您在我们网站留言，想咨询我们的项目，对吧？

客户：是的。

电话销售人员：我给你介绍一下我们的项目，我们的项目目前已开始在全国招商，处于招商的起步阶段，现在的机会非常好，先加盟就等于抢占了市场先机。况且，我们的利润也非常可观。

客户：我主要是关心……（被打断）

电话销售人员：我知道，您关心利润。谈到利润，不得不说项目的回报率。在正常情况下，投资 20 万元左右，每个店的利润每个月可以达到 2 万元到 5 万元，具体要看您所在的区域。这样算下来 6 个月左右就回本了。如果您觉得利润达不到您的预期，您还可以选择做代理。

客户：操作起来……（被打断）

电话销售人员：做代理是最赚钱的方式。您成为一个区域的代理后，这个区域所有的加盟店的收入都和您有关系了。

客户：好不好操作？（内心产生疑虑：会不会占用儿子太多时间，影响学业）

电话销售人员：当然很好操作，您做店长，再雇用两个人就可以了。而且，薪酬不需要很高，一个月 2 000 元至 3 000 元就可以了。我再给您介绍一下我们的产品，做餐饮，一定要有丰富的产品线，我们在产品设计上……

客户：需要很多时间和精力吗？（内心独白：会不会影响我儿子的学业）

电话销售人员：不需要的，我们提供的产品都是半成本，您不用花太多时间和精力。

客户：哦。（内心独白：怎样才能做到不花时间和精力）

电话销售人员：您准备在哪里开店？

客户：在西安。

电话销售人员：西安是一个好地方，生意一定不错。您有时间可以过来考察一下，我们现在还提供特别的优惠，错过就可惜了。

客户：行，我考虑一下。（内心独白：我关心的问题还没有搞明白）

电话销售人员：行，您考虑一下，考虑好后我们再联系。

客户：好。（内心独白：就这样把我打发了？算了）

这位电话销售人员为什么没有打动客户？因为他犯了产品介绍的 5 个典型错误：

（1）没有紧紧结合客户的需求进行介绍；

（2）只谈特色不谈价值，无法打动客户；

（3）没有解释清楚项目特色和价值的关系；

（4）缺乏差异化，无法竞争；

（5）介绍过程中不了解客户的态度和反馈。

这 5 个典型错误中，解决（2）（3）（4）的方法，就是运用好 FAB。

### FAB 的典型表达方式

FAB 的典型表达方式有以下两种:

(1) F 可以实现 A, 或者 F 的优势是 A, 从而实现 B;

(2) 您可以得到 B, 因为有 F, 所以可以实现 A。

先看第一种, 我以自己的培训服务为例向你解释说明。

您期望系统学习的同时, 又期望能有更多的时间进行练习, 促进后期的转化和落地。我们成熟的线上课程体系 (F) 可以帮您实现这一点。在学习的过程中, 一方面, 线上课程可以用来做预习 (A), 这样在课堂学习的时候, 增加课堂学习的理解程度, 同时也可以增加课堂中互动、练习、解决具体问题的时间 (A), 从而提高学习的效果 (B); 另一方面, 线上课程也可以用来做复习巩固 (A), 通过持续不断的复习巩固, 来强化学习的效果, 增强转化落地的可能性 (A), 从而实现从学习到能力和业绩的转化 (B)。

在上面这段话中, 运用 FAB 的方法形成了逻辑清晰、价值突出的产品介绍用语。

再看看下面这两段话, 你能区分 FAB 吗?

我理解您期望课程设计更有针对性、更容易落地。我们培训服务的核心优势之一就是高度定制化, 无论是课程内容, 还是案例场景, 都会和您的业务紧密贴合 (F)。一方面, 可以更好地调动学员的学习兴趣, 提高他们参与学习的主动性 (A); 另一方面, 可以让学员更好地结合业务场景, 更深刻地理解课程内容, 并且运用课程内容来解决实际问题 (A), 这些都非常有利于后期的转化落地, 实现从学习到结果的转化 (B)。

您关心转化是非常重要的, 也是您获得回报的关键一环。我们提供的培训服务被大部分客户所接受的另一个核心服务是在线跟踪辅导服务。在学习后的 3 个月, 提供每周一次, 共计 12 次的在线辅导, 通过录音分析、问题答疑、在线训练等方式 (F), 持续强化学员的学习, 加深对内容的理解，更重要的是解决实践过程中遇到的各种问题（A），从而实现从学习本身到能力和业绩的转化落地（B）。

第二种表达方式是：您可以得到 B，因为有 F，所以可以实现 A。这种表达方式先将好处讲给客户听，然后再解释你是如何满足客户需求并帮助客户实现这些好处的。

我通过下面的案例为你解释这种说话方式。

我知道您关心产品是否能带来高的复购率。我来解释一下，我们之所以选择湄公河流域的巴沙鱼，核心因素就是这种鱼能带来更高的复购率（B）。有两个关键：（1）巴沙鱼肉质（F）和国内传统烤鱼所使用的该核心因素鱼相比，更加柔嫩顺滑，消费者会更喜欢（A）；（2）巴沙鱼的不饱和脂肪酸（F），是传统淡水鱼的 5~6 倍，热量低，多吃一点也不会影响身材，也是关注健康和身材的年轻人的挚爱（A）。有了这两点，完美解决消费者想多吃又怕胖的顾虑和担心，自然能带来更高的复购率。

## 图形化

有些项目、方案、产品相对复杂，有时候电话销售人员自己理解起来都难，解释起来就更难了。在这种情况下，电话销售人员首先要自己能理解。帮助自己理解的最好办法就是将项目、方案、产品图形化，即用图形、思维导图、鱼骨图等方式，将你的项目、方案和产品描绘出来，这样理解和解释起来就容易多了。

例如，和标准的两三天培训相比，我的"电话销售精英百日之旅"项目里包含的服务内容更多，我先用简单的图示描述出来，就更容易将项目的核心卖点和客户的需求进行关联，这样给客户解释起来就容易多了。

对于类似项目来说，客户的需求往往如下：

● 整体转化率提升 50% 以上；

● 全员覆盖，提升系统化电话销售能力的同时，尽量减少投入；

● 培养核心骨干，包括管理者、内训师和骨干电话销售人才。

我们在提供方案的时候，始终围绕以上 3 个关键需求展开。有了下面这张图，就很容易给客户解释了（见图 14-1）。

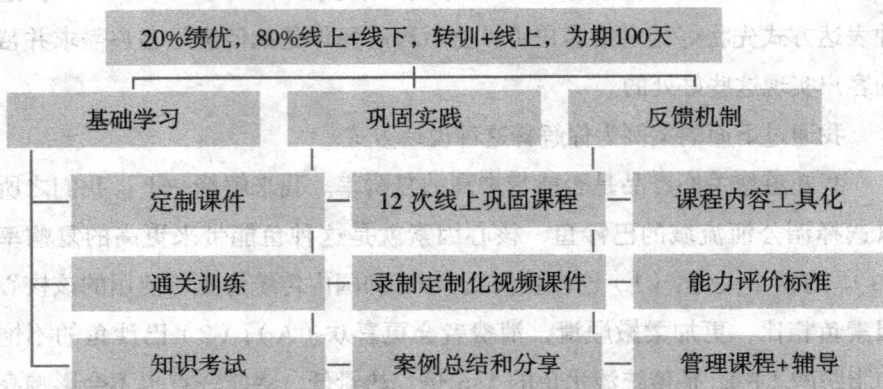

图 14-1　用图形化的方式描述培训项目

## 你需要塑造 4 个方面的价值

在大部分情况下，你需要在 4 个方面塑造价值。

（1）**行业 / 模式**。例如，一位投资客户的投资领域是房地产，还是金融，抑或是某个餐饮项目？

一位培训客户决定借助定制化内训来提高电话销售团队成员的能力和转化率？还是借助更省钱的线上课程？或者干脆将这本书买回去让团队成员阅读？

这些将是你面临的第一个竞争，你首先需要塑造你所在行业 / 服务模式的价值。

（2）**品牌 / 公司**。在同一个行业，同一个服务模式下，客户会面临很多公司和品牌的选择。在这种情况下，你必须塑造公司、品牌的价值，让客户先接受你的公司和品牌，这样才能建立初步的信任关系。

（3）**项目 / 方案**。为了解决客户的问题、满足客户的需求，你可以提供不同的服务项目和服务方案，你需要塑造你的项目和方案的价值，建立客户对项目和方案的认同。

（4）产品。客户最终购买的是产品，你自然需要塑造产品的价值。

你可以借助 FAB 法塑造上述 4 个方面的价值。

### 3. 确认得到客户的反馈

确认（Confirm，C）是指通过确认性提问，得到客户对你所表达的观点、建议、方案和产品的反馈。

我们设想一个场景：听完你的介绍，客户没有任何发问，直接说"我考虑一下"。这时你怎么办？

你需要确认并得到客户的反馈："您觉得该项目 / 产品适合您吗？"

这么做是因为你不知道客户内心对你的项目 / 产品的了解程度和认可程度，而且，大部分客户不会主动表达，所以，你需要鼓励客户表达内心的想法。而这个方法就是：确认得到客户的反馈。这里所说的反馈，就是态度和想法。

常见的确认得到客户的反馈的问法如下。

电话销售人员：您感觉这个怎么样？

电话销售人员：它符合您的要求吗？

电话销售人员：我回答了您的问题 / 疑问了吗？

电话销售人员：不知我有没有解释清楚？

其中有一个问题还没有谈到。这就是客户的担心和顾虑。解决这个问题的关键在于电话销售人员是否能取得客户的信任。做到这一点的关键是为客户提供证据。接下来，我为你介绍取得客户信任的 4 类证据。

## 取得客户信任的 4 类证据

通过挖需求、谈方案，你将自己负责的项目、方案和产品向客户做了详细介绍。客户听上去理解了，看上去也初步接受了，但事实上，客户内心还存有各种担心和顾虑。例如，客户可能会问：你说的有保障吗？有陷阱吗？你对我隐瞒了什么？和你合作我会遇到什么未知的问题和风险？你说的是真的吗？你能做到你说的吗？

更重要的是，即使你做得都很好，但我能做到吗？我对自己有没有信心？

产生这种担心和顾虑的核心原因是缺乏信任。我们来看一个案例。

在给客户培训前，我一般会进行非常详细的调研，包括深入了解客户所在的行业。一次，在为一家加盟品牌方培训前，我特意留意了相关行业，我注册了一些在网络上推广的加盟项目，其中有一个 A 奶茶项目。后来，我接到一个电话，对方自称是该项目的招商顾问。以下是我和他对话的关键过程。

招商顾问：张先生，您关心我们的奶茶项目，对吧？

我：是的。

招商顾问：张先生，您准备在哪个城市加盟？

我：广州。

招商顾问：广州哪个区？

我：番禺。

招商顾问：该项目在番禺区已经有 200 多家加盟商了，现在可供加盟的机会很少，而且现在 A 品牌的加盟费特别高。

我：这么多？我怎么没有看到这个品牌？

招商顾问：您可能没有特别注意。A 品牌目前在湖南、湖北特别多，我建议您可以了解一下 B 品牌。

我：你是不是 A 品牌的？（我心生疑惑，对方怎么还推荐另一个品牌）

招商顾问：A 品牌现在的招商基本结束了。现在 B 品牌的加盟非常划算，加盟费很低，现在考察签约还有各种优惠，您什么时候方便过来看看？

我：再看看吧。

在这段对话中，我自然是充满各种疑惑，对招商顾问、公司、品牌及项目缺乏信任。

### 不信任的 4 个层面

一般来讲，客户不信任对方体现在 4 个方面（见表 14-2）。

表 14-2　不信任的 4 个层面

| 不信任的层面 | 客户内心独白 |
| --- | --- |
| 对电话销售人员的不信任 | 你说的是真的吗？你没有欺骗我吧 |
| 对公司的不信任 | 能持续服务吗？承诺的能做到吗？公司可靠吗 |
| 对项目 / 方案 / 产品的不信任 | 听起来还不错，但我没有做过，能行吗<br>看起来挺火爆，是不是你们自己创造出来的<br>你说的数据是真的吗<br>做不到怎么办？有什么风险 |
| 对自己的不信任 | 我能做到吗 |

在这 4 个不信任中，第 4 个层面：对自己的不信任，估计很多人可能没有考虑到。严格来讲，客户购买的不是产品、项目或方案，而是产品、项目和方案带给客户的"能力"。

以招商加盟项目为例，客户需要的不是项目本身，而是项目所能带给他的项目运营能力，包括品牌、策划、运营、产品、流量等，他需要的是具备这种能力。如果他已经具备这种能力了，他为什么还要加盟你的项目？

以幼儿英语教育为例，无论是线上还是线下，家长需要的不是课程，而是期望借课程，更容易、更轻松地让孩子具备英语表达能力。

以电话销售培训项目为例，客户需要的不是培训课程，而是期望借助培训课程让团队具备更强的能力，进而提高电话销售转化率。

既然客户需要的是能力，客户可能会想：我能将对方的能力复制过来吗？如果复制不过来，购买的意义何在？这就是对自己的不信任。

我的一些客户也向我表达过类似的想法。一位客户说："老师，我相信您的课程确实不错。但是它是否适合我们呢？我们是否有能力吸收您的课程并拥有您课程中讲的这种能力呢？"

这些属于对自己的不信任，客户不信任自己可以拥有某一项其期望具备的能力。

我重点介绍如何通过提供"相关证据"来建立客户对你的信任。

你不能仅仅口头说你的产品有多么优秀，品质有多么高，结果有多么好。大部分客户即使不说，也会怀疑，甚至有时候，你提供的证据都会成为其怀疑的对象。举例如下。

客户：你如何让我相信产品是真品？

电话销售人员：我可以提供相关证书。

客户：证书的真假我怎么判定？

为了打消客户的不信任，你不仅要提供证据，还要给客户提供无可反驳的证据，这样才能建立信任、塑造价值、促使行动。

赢得客户信任的证据一般有 4 种类型：

1. 自身证据；

2. 他人见证；

3. 免费体验；

4. 逻辑说服。

不同行业使用的证据有所不同，下面罗列了经常被使用的证据，供你参考。

## 1. 自身证据

自身证据，也就是和你、你所在的公司、你所负责的项目、你所销售的产品相关的证据。常见的有以下几种：

- 荣誉／证书；
- 营业执照；
- 规模和成就（规模大代表有实力，规模小代表专业）；
- 和名人的合影；
- 在有影响力的机构的照片；
- 在机构／社团／组织中的职位；
- 专业／专业形象／地位；
- 出版物／视频／证书；
- 服务的照片／视频；
- 你的从业时间；
- 成功案例。

例如，我自己经常使用的证据包括出版物、授课视频、成功案例，这些证据至少向一个从来不了解我的客户表明我是专业的。

## 2. 他人见证

他人见证就是借助第三方对你的评价和背书，来建立客户的信任。常见的有以下几种：

- 客户证言；
- 名人推荐；
- 双方都信任的第三方的推荐；
- 客户名单／服务合同；
- 专家的证词；
- 政府机构／专业机构的证词／认证；
- 第三方研究数据。

例如，我自己经常使用的他人见证包括客户证言、推荐视频、第三方推荐、客户名单。

### 3. 免费体验

对于某些客户来讲，一定要亲自感受才能更容易相信。而免费体验，或低成本体验就是一种很好的方法。常见的有以下几种：

- 试吃、试用；
- 样品；
- 研讨会 / 体验课。

例如，我自己经常使用的让客户体验的方法包括让客户参加线上课和线下公开课。

我要强调一点：针对一系列产品或系统的解决方案，不要让客户免费体验或部分体验其中某一项产品 / 服务，因为免费体验或部分体验并不能完整地反映产品 / 服务。你可以低成本让客户体验，但免费体验、免费邮寄样品等，使客户不珍惜、不重视，体验中也非常容易放弃。结果不仅不能帮助客户建立对你的信任，甚至会起到反作用。

客户只会给你一次"表演"的机会，你必须全力以赴。总之，尽可能不要让客户进行全部免费的体验。

### 4. 逻辑说服

逻辑说服就是通过说服的方法让客户相信，你说的一定是真的，你不会欺骗客户。常见的方法有以下几种：

- 你没有撒谎的理由；
- 你着眼于未来，而不是眼前；
- 给客户保证，签保证书；
- 与对方信任的第三方合作；
- 风险低或没有风险；
- 退款承诺。

退款承诺是一个逻辑说服的好方法。如果客户不满意，或者你夸大其词，客户可以选择无条件或有条件退款。退款承诺表明了你的勇气和担当，也会给到客户提供一种保证，向客户表明，你说的是真的。

以上 4 种类型的证据算是抛砖引玉，我期望你能不断发展并总结出属于自己的让客户相信的各种证据。在谈方案的时候，不仅借助 EFABC 法则来陈述价值，更要主动提供相关证据，打消客户内心的不信任，进而提高你的销售转化率。

## 激发客户渴望的案例故事法

有经验的销售冠军都能深深理解：和客户相似的、他人的成功案例，对激发客户拥有产品的渴望是多么有帮助。

用成功案例讲故事的方法，激发客户的渴望，你需要注意以下 5 点：

1. 相似的客户，准确的自我定位；
2. 时间；
3. 遇到的情景、问题、渴望；
4. 决策过程；
5. 项目运作的结果。

### 1. 相似的客户，准确的自我定位

讲案例的时候，一定要找和客户相似的案例，这样才能发挥案例故事的最大化作用。

如果我面对上千人规模的电话销售团队，就不能用只有几十人或几百人的电话销售团队的案例；反过来，当我面对一个几十人的中小民营企业的电话销售团队时，自然也不适合用千人规模的电话销售团队的案例。除了规模，企业性质、品牌和知名度等，都需要考虑。

总之，使用案例讲故事要注意的是，你选择的案例的情况一定要和客户的相似。

## 2. 时间

讲案例的时候，一定要交代清楚案例发生的时间。时代变化很快，你不可能拿之前的案例来解释并证明你现在做的事情。

案例最好是新颖的。但有时候你的业务模式在发生变化，案例有可能跟不上你的变化，你可能会用到以前的案例。

## 3. 遇到的情景、问题、渴望

讲案例的时候，案例中一定要包括客户当时遇到的情景、面临的问题，以及客户期望实现的目标。

这些情景、问题和目标，要和客户目前面临的相似，这样才能更容易建立情感共鸣，也更容易引起客户兴趣。

## 4. 决策过程

你需要解释清楚，客户选择与你合作的前因后果，客户是如何做决策的，客户都接触了什公司，以及最后为什么选择了与你合作。

## 5. 项目运作的结果

最后，你要告诉客户结果，即项目实现了什么目标，尤其是和客户需求相一致的结果。

我过去做过很多培训项目，这些项目都为客户带来了不错的结果，但早期我却没有意识将这些结果书面化、证据化。后来，我发现你不能仅仅依靠口头解释而让客户相信，你还需要证据。你需要将结果书面化、视频化、证据化，这样更容易取得信任，也更容易激发客户的渴望。

在我讲解决问题的方法之前，请你思考以下两个问题。

● 如果你不能影响客户的决策，任由客户自己做决策，你会流失多少潜在客户？这对你的转化率和收入会有什么影响？

● 如果你能有效地影响客户，将不认可的客户转变为认可的客户，这对你的转化率和收入又会有什么帮助？

要影响客户并使其认同你的项目、方案和产品，你需要了解并掌握以下 3 个关键点：

● 利弊分析法；

● 影响客户的 4 种竞争策略；

● 影响客户的 12 种方法。

## 利弊分析法

请你思考并回答一个问题：你为什么选择了现在的工作？

虽然我不知道你的答案，但我知道你的回答背后的依据。这个依据就是：趋利避害。你会选择当时你认为对你最有利，或者对你最无害的那一个方案。

例如，A 工作的收入不错、平台不错，但离家太远；B 工作，收入不高、平台也一般，但因为离家近，你可以有更多时间来照顾家人。如果目前对你最重要的是事业和收入，那么你选择 A 的可能性会大很多。如果你不得不抽出大量时间照顾家人，那么你选择 B 的可能性就会大很多。

任何一个选择都有利也有弊，关键是你怎么看待利和弊。

影响客户的决策过程，促使客户认可你的前提是：你必须知道客户的决策天平的两端的利弊、影响各是什么。这就是我要和你谈的利弊分析法。

在决策的关键节点上，只要客户做出了不利于你的决定，你可能就失去了与其合作的机会。例如，我们前面讲过的客户决策的 5 个心理活动。

- 是否真的有需要解决目前的问题？有需要就继续，没有需要就结束。
- 既然要购买，我是否信任这家公司？信任就继续，不信任就结束。
- 对方的产品和方案是否适合我？合适就继续，不合适就结束。
- 对方价格如何？是否值得？值得就继续，不值得就结束。
- 晚一点合作有没有关系？不能晚了就现在签约，晚一点也没关系就等等看。

要在每一个决策节点影响客户的决策，你必须知道在每一个节点上，客户不同的决策会对其产生什么影响。你需要掌握如图 15-1 所示的工具。

图 15-1　决策分析示例 1

为了影响客户决策，你还需要知道以下 4 个问题。

- 客户做出 A 决策，对客户有哪些好处？
- 客户做出 A 决策，对客户有哪些弊端？
- 客户做出 B 决策，对客户有哪些好处？
- 客户做出 B 决策，对客户有哪些弊端？

我们以认可项目／认可产品这个环节举例。假设客户已经有需求，而且是必须行动的需求，现在，客户面临一个选择，选择 A 品牌（你的品牌）的项目还是 B 品牌（你的竞争对手）的项目？

如图 15-2 所示，客户选择你是因为你能提供系统的、全方位的项目运营支持，但你的加盟费高，超出了客户的预期；客户选择 B 品牌是因为对方的加盟费低，在客户的期望范围内，但对方在运营支持方面做得不够，支持不到位。

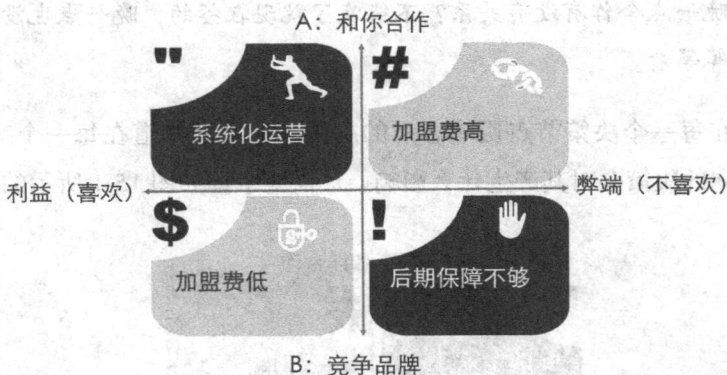

图 15-2　决策分析示例 2

总之，影响客户决策，促使客户认可你的前提是：在产品认同阶段以及在 5 个关键的心理决策点／里程碑，你必须知道客户决策的天平两端，对客户的利弊、影响各是什么。

你要牢牢记住：在大部分生意中，人起到关键作用，甚至是核心作用。被客户喜欢和信任的人，总是更容易成功。

## 影响客户的 4 种竞争策略

接下来我将介绍，分析过利弊后你该怎么办。先来看一个房产销售的案例。

客户：你们的楼盘有些远，交通也不方便，我还是觉得市区好一些。

电话销售人员：感谢您告诉我，我知道交通便利对您很重要，您觉得交通不方便，主要是觉得哪里不方便呢？

客户：我在市区上班，你们这里离市区比较远，同时，公交车也不多，出门不太方便。另外，小区离菜市场也比较远吧，购物、生活都不是很方便。

电话销售人员：我了解，以前有不少客户刚开始时和您的想法是一样的，后来经过仔细考察并分析后，他们都改变了主意。您知道为什么吗？（或者停顿，让客户参与进来）

客户：你说说看。

电话销售人员：咱们先来分析交通问题，其实正是因为远离市区，我们的房子才被客户接受。大部分选择这里的客户都是像您这样的白领一族，他们平时工作很忙，下班回到家都喜欢这里安安静静的感觉。这里有山有水，空气好，可以舒舒服服地享受周末的时光；而如果一个小区周围有很多公交车的话，那也一定代表着这个小区处于十分热闹的环境中，伴随着汽车的噪声和空气污染，我想您也一定不想住在这样的环境中吧？

客户：嗯，是啊，所以我也还在考虑中。

电话销售人员：此外，我们小区远离嘈杂的市区，再加上 24 小时安保监控措施，小区的治安和安全可以得以保证，毕竟买房子住，最重要的也是最基本的就是安全，对吧？同时，为了便于小区居民往返市区，我们开通了小区巴士，从早上 5：30 到晚上 11：00 都有空调车往返于市区和小区，而且保证人人有座，这样不仅方便，而且舒适，总比站着挤公交车方便吧？

客户：说是这么说，但这里离菜市场也比较远。

电话销售人员："您说的没错，目前离菜市场的确有些远。为了解决这个问题，小区也有专车往返菜市场。您上次提到，这套房主要是您和太太两个人住，你们工作忙，平时在家里的时间很少，主要是周末在家里休息。所以，菜市场这个问题，和刚才提到的安全、环境、交通等方面相比，其实相对也就没有那么重要了，您说呢？"

客户：嗯，这样吧，我再考虑考虑，我和爱人商量一下再答复你。

在这个案例中，电话销售人员很成功地对客户进行了挽留，给了自己进一步和客户沟通的机会。客户为什么回心转意？电话销售人员都用了什么方法？

### 心理天平的两端是引力和推力的角逐

我们回到之前谈及的一个观点：客户做决策是在天平两端进行选择的过程。如图 15-3 所示，一端是客户选择你的理由，另一端是其选择你对手的理由。那么，客户为什么要选择你？一方面你的优势（引力）在吸引客户选择你；另一方面，对手的不足（推力）在将客户推向你。对客户而言，有时候他们甚至是在被迫做出选择。

客户为什么选择你的对手？一方面对手的优势（引力）在吸引客户选择他；另一方面，你的不足（推力）在将客户推向对手。

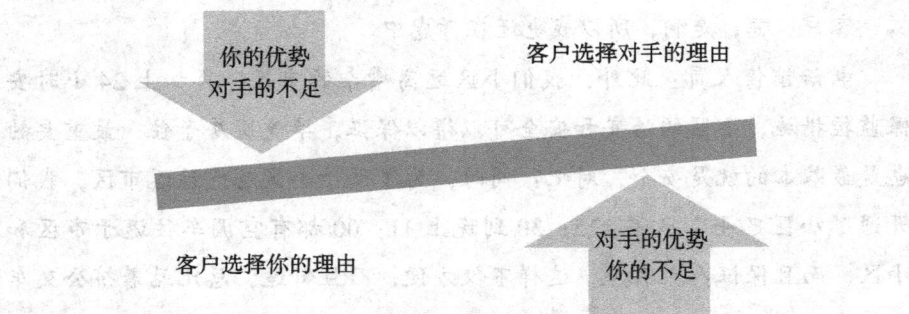

图 15-3　客户的决策天平

让客户决策的心理天平倾向你，无非有两种可能，也是两种力量的角逐：加重客户选择你的一端，减轻客户选择对手的一端。加重你的一端，一方面要加大你的优势（对客户的引力），另一方面要加大对手的不足（对手对客户的推力）；减轻客户选择对手的另一端，一方面要减少对手的优势（对手对客户的引力），另一方面要减少你的不足（你对客户的推力）。通过这两种做法，你可以使天平朝你倾斜。

对客户而言，你和你的竞争对手都有引力（优势）和推力（不足）。要想赢得竞争，你要加大引力而减少推力；同时，你还要让对方减少对客户的引力而加大对客户的推力。

这就形成了影响客户决策的 4 种竞争策略。

### 4 种竞争策略

为了促使客户认可你的产品、提高转化率，你必须掌握并熟练运用以下 4 种竞争策略（见图 15-4）。

图 15-4　4 种竞争策略

#### 1. 强化优势

这种竞争策略通过增加你的优势，增加客户喜欢你的因素，加重客户选择你的引力，进而使决策天平向你倾斜。

#### 2. 克服不足

这种竞争策略通过弱化或缩小你的不足，减少客户不喜欢你的因素，减轻你对客户的推力，进而使决策天平向你倾斜。

### 3. 中和对手优势

这种竞争策略通过缩小你和竞争对手的差距，减少对方的优势，减轻对手对客户的引力，进而使决策天平向你倾斜。

### 4. 显现对手不足

这种竞争策略通过让客户意识到竞争对手的弱点，加重对手对客户的推力，进而使客户的决策天平向你倾斜。

现在，你已经理解了 4 种竞争策略。你可能会有疑问：具体都有什么方法可以使客户认可你？接下来，我结合案例为你介绍具体的方法。

## 影响客户的 12 种方法

围绕 4 种竞争策略，我总结了 12 种简单易用、促使客户认可你的方法，如表 15-1 所示。

表 15-1  促使客户认可你的 12 种方法

| 强化优势 | 克服不足 |
| --- | --- |
| 1. 将你的差异化优势引导为客户最重要的需求<br>2. 加强优势的重要性<br>3. 强调新的优势 / 扩大优势 | 4. 从正面角度表达不足<br>5. 降低不足的重要性<br>6. 缩小差距、弥补不足<br>7. 重新定义需求<br>8. 满足需求而非要求 |
| **中和对手优势** | **显现对手不足** |
| 9. 降低对手优势的重要性<br>10. 弱化对手的优势 | 11. 让客户意识到对手新的不足<br>12. 强化对手不足对客户的影响 |

### 1. 将你的差异化优势引导为客户最重要的需求

在挖需求的早期，电话销售人员运用差异化优势引导法，将"差异化优势"引导为客户"最重要的、不可或缺"的需求，加重你的差异化优势对客户的影响，加重差异化优势在客户心中的分量，从而影响客户决策。

这个方法往往发生在销售过程的早期，当时客户可能还没有产生需求，或者客户只有初步的想法且需求还很模糊。此时客户对于如何选择合作伙伴，以及在选择过程中应当关注什么，可能还不是很清晰，这时你需要主动引导需求。

我之前和你讲过，我们提供的培训服务的差异化是落地转化。现在，我期望客户将落地转化这一需求，变成其最重要的需求。举例如下。

电话销售人员：销售培训最重要的意义是转化落地，否则，无论投入多少钱都是一种浪费。您觉得呢？

客户：那当然，我们也期望能落地。

电话销售人员：从我们过去的经验看，能不能落地对不同客户的影响是不同的。您关注落地，它对您的帮助会体现在哪些方面？

客户：这很简单，一方面是钱的问题，另一方面涉及团队核心骨干的培养。如果不能落地，在这两方面都会有很大的影响。

电话销售人员：还有一种可能性会进一步影响您团队成员对学习的热情，这对团队的持续发展来讲，肯定也会产生很大的影响。任何一个有战斗力的团队都有学习成长的文化基因，对吧？

客户：是的，这个问题我之前也考虑过。

电话销售人员：确实是，落地对团队培养很关键。我能不能这样理解，落地和转化是您此次项目中最重要，也是必须满足的需求。对吗？

客户：是的，没错，必须要落地。

上述案例是将你的差异化优势引导为客户最重要的需求的具体应用。

## 2. 加强优势的重要性

有时候，客户已经认可你的优势，而且也觉得这项优势对他很重要，却未必认为该优势最重要。为了继续影响客户，你需要持续加强优势的重要性，将"次重要变为最重要"，不断为这个优势领域"加码"。

如果客户坚定地认为你的优势才是最重要的，你获胜的可能性就会大大增加。

我们来看一个案例：L 公司是一家互联网电子商务平台，其客户以制造型企业为主，这是 L 公司的优势所在，也是客户所关注的方面。而竞争对手 Q 公司的优势在于客户群体广泛。D 客户在 L 公司和 Q 公司之间徘徊。因为 L 公司的客户主要是制造型企业，电话销售人员希望加强"制造型企业"这一优势对客户的影响。以下是他们的对话过程。

电话销售人员：很感谢您信任我公司，我看您特别看重我们平台上的制造型企业，请问是出于什么原因呢？

客户：因为我们都是服务于制造型企业的。

电话销售人员：理解，如果和您联系的不是制造型企业，这点有影响吗？

客户：肯定有影响，那样会浪费我们的时间。

电话销售人员：确实会浪费时间，而且您的销售人员联系这些客户也会导致他们的效率降低、成本提高，对吧？

客户：是的。所以我非常关心客户的精准度，我们只关注制造行业的潜在客户。

电话销售人员：明白，我能不能理解为，只要是制造行业的客户，对您来讲都是第一重要的。对吗？

客户：是这样的。

另一种情况是，运用 A 到 A+ 的方法，即改变客户的观念，实际上是客户在两种不同的实际需求之间做选择（见表 15-2）。

**表 15-2  表象需求与实际需求**

| 表象需求（要求） | 实际需求（需求） |
|---|---|
| 系统的电话销售方法 | 如果客户的需求如下所述，那么其一般会更关心系统的电话销售方法论<br>• 电话销售团队拥有统一的电话销售方法，在此基础上不断沉淀经验，形成适合自己公司的电话销售方法论、电话销售方法手册、说话技巧手册、案例手册<br>• 借助方法体系帮助新人快速上岗、降低流失率<br>• 让电话销售人员拥有独立自主的解决问题的思维和能力、帮助电话销售骨干突破瓶颈、节省管理者的时间和精力 |
| 行业经验 | • 如果客户要求培训的主要对象是新员工，拿来即用，不用转化，则客户一般会关心行业经验 |

值得注意的是：不少电话销售团队在培训的时候，都很关心"拿来即用"，期望今天学习一个方法，明天就能产生效果，但事实上这是一种短视的行为。人才培养要符合自然规律，不能拔苗助长。

运用这个方法，你首先需要知道客户的实际需求是什么，然后影响客户心目中的实际需求的排序。

以我和客户的沟通过程为例，我将为你介绍我如何成功地帮助客户树立了正确的观念——系统的电话销售方法比行业经验更重要。

客户：老师，您在电话销售领域的专业资格、您教授的系统的电话销售方法，以及这些方法对团队的指导作用，我们都非常认可。另外，我们觉得内容简单、针对性强、拿来即用、不用转化，也很重要。您觉得呢？

老师：这两点确实都很重要。哪一点对你来说更重要取决于你的目标，即你期望通过培训实现什么。根据我们之前的沟通，你期望通过此次培训项目，一方面让你的团队拥有一套系统的电话销售方法论，不断沉淀经验；另一方面，你也期望课程内容尽可能简单、实用，能够拿来即用。对吧？

客户：是啊，确实是。

老师：这两点虽然不矛盾，但也有不一致的地方。在时间和预算有限的情况下，选择其中一条思路是有必要的。就你的团队而言，帮助骨干突破瓶颈期，培养对公司忠诚度更高、贡献也更大的核心骨干成员重要，还是投入资源在流动率非常高的新员工身上重要？

客户：我感觉都很重要。但如果只能选择一个，我还是认为骨干更重要。但新员工怎么办？

老师：当然是骨干重要，另外，新员工自然也要考虑。关于这方面，我们是这样解决的：针对骨干成员进行定制化系统方法的培训和训练，并从中培养一小部分有能力、有意愿的内训师；通过内训师，结合系统方法和自身实践，形成你公司的专有沟通方式；再通过内训师将说话技巧训练给新员工。这样，你可以用最少的投入做到两者兼顾。我们的很多客户都是这样操作的，您看如何？

客户：嗯，具体怎么操作？

### 3. 强调新的优势 / 扩大优势

强调新的优势，最好强调客户未知的、你没有强调过的卖点和优势。

在使用这个方法时，你需要多保留卖点，尽可能只用一个优势引起客户的兴趣。然后，你在传递信息、介绍优势时要有节奏感地罗列出新的优势。

如果你曾经使用过这个方法，你很可能这样对客户说过："关于您关心的问题，上次因为时间原因，我还有两点没有向您解释……"

你可以通过增加新的卖点、强调新的优势来增加你对客户的吸引力。

### 4. 从正面角度表达不足

有时候客户认为你存在不足。但是，你要牢记一点：很多时候，所谓的不足，并不是你的不足，而仅仅是客户的一种感知而已。如果客户看问题的角度变了，对这个问题的感知和态度也就变了。

从正面角度表达不足，就是指从正面角度来形容和表达你的"不足"，从而影响客户对你的看法，甚至可能将劣势变为优势。这种方法，就是改变客户看问题的角度。举几个例子，让你更容易理解（见表 15-3）：

表 15-3　从正面角度表达不足的实例

| 客户认为的不足 | 从正面角度表达不足 |
| --- | --- |
| 学习时间长达 3 个月／时间太长了／没有时间学习 | 正是因为这个原因，很多客户与我们合作，因为持续学习是落地转化的保障 |
| 房子离市区太远了，交通不便 | 正因为这个原因，很多客户在这里买房。路途虽远，但不堵车，出了市区，只需要 15 分钟就可以到家 |

在使用这个方法的时候，一个标准的语言结构是：正因为这个原因，您才更值得与我们合作，因为……

从正面角度表达不足，将客户认为不足的地方，变为客户的购买理由。这个方法很重要，在销售过程中，你要及时总结客户可能会主观认为的不足，然后想办法用正面、积极的表达方式来影响客户。

### 5. 降低不足的重要性

客户已经认真考虑过的重要的需求一般很难被影响。但对于客户没有认真考虑过、只是初步觉得重要的需求，或者期望被满足的需求，我们可以采取降低你不足的重要性的方法，来影响客户的决策。

接下来我以家具定制服务为例解释说明。

你做家具定制服务，客户期望家具三天能被送到，而你最快五天才能将家具送到，客户认为你的配送时间太长。经过需求挖掘，你了解到客户并没有特别的需求，仅仅是希望更快而已。

在这种场景下，你可以使用本方法影响客户："确实我们都期望能尽快给您送到。之所以需要五天，是为了将产品做到最好，慢工出细活。家具的使用时间很长，配送时间和品质相比，配送时间对您的影响相对小一些。还请您理解一下，我们也多努力，保证五天内送到，如何？"

这就是降低不足的重要性。

### 6.缩小差距、弥补不足

对于客户认为重要的需求，你无法通过改变客户需求的重要性来影响客户。在这种情况下，当你不能完全满足客户的需求时，你可以采取缩小差距的做法来影响客户决策。

例如，客户期望三天送货，但你的标准服务是五天送货。后来经过你的努力，实现四天送到，这就适当弥补了你的不足。

以幼儿在线学习为例，客户期望授课老师相对固定，但你所在的机构的老师不固定。后来经过协商，将老师固定在 3 ~ 5 人，这就适当弥补了你的不足。

以招商加盟项目为例，客户期望加盟后你们能提供 3 个月的周边写字楼电梯广告，但你不能提供。经过协商，你可以帮助客户提供线上的全程服务，帮助客户线上引流。这也适当弥补了你的不足。

总之，对于客户认为很重要的需求，你可以采取缩小差距的做法来影响客户决策。

### 7. 重新定义需求

当客户告诉你一个重要需求时，甚至表明这一需求对他们是至关重要的。无论你能不能很好地满足客户的这一需求，千万不要试图说服客户它不重要，想说服客户放弃重要"需求"的行为通常会失败，而且会使客户的这种需求更牢固。

在这种情况下，最有效的方法是"重新定义需求"。"重新定义"不是对一个需求提出异议，而是让销售人员采取一种对自己更有利的方式来解释它的含义，你可以尝试改变对需求本身的理解，从而影响客户决策。

以招聘服务为例，客户认为效果很重要。虽然你不能改变客户"效果第一"的认知，但你可以尝试改变对"效果"的定义。也许客户认为的效果是招到人，你可以改变客户认知，将"效果"定义为简历投递量。

再举一个例子，一位软件销售人员运用重新定义需求成功地将客户需

客户能提供一小块场地，他们愿意为生产线专设一个零件临时备用仓，这样就能把供货时间压缩到 15 分钟内，而且结算是按每月零件出仓的实际金额计付。当然，还有一个小条件，这个临时备用仓库也可以为周围其他厂家供货。最后客户同意了。

这就是挖掘要求背后的需求和动机，满足需求而不是要求。

### 9. 降低对手优势的重要性

降低对手优势的重要性，也就是降低竞争对手的某一个优势的重要性排序，将重要变为次要。但如果客户特别重视、认可你的竞争对手的优势，那么这种做法一般难以取得效果。

例如，下面这个电话销售人员将客户喜欢的竞争对手的服务流程轻松变为相对不重要的需求。

电话销售人员：您都喜欢他们的哪些方面？

客户：他们申办的服务流程挺好的。

电话销售人员：具体好在哪些方面？

客户：我们把材料给他们就可以了，我们什么都不需要做。

电话销售人员：简单、省事，对吧？

客户：是的。

电话销售人员：您之前也提到这次申报对您很重要，能确保拿到申报的结果最重要。为了拿到申报结果，即使费点事也只值得的。您说对吧？

客户：那是。

### 10. 弱化对手的优势

如果你无法影响客户需求的重要性排序，你可以通过让对手的优势不是那么明显，或者让对手的优势不再是优势的方法，来影响客户的决策。举例如下。

电话销售人员：对方承诺过简单、省事，对吧？

客户：是的。

电话销售人员：您是怎么知道这一点的？

客户：对方服务人员告诉我的。

电话销售人员：您之前有没有与他们合作过？

客户：没有。

电话销售人员：您一定要确认清楚。据我们部分客户反馈，对方在合作前讲的是后期不需要您多参与，但实际情况是，后期会有很多地方需要您付出时间和精力。您了解吗？

这个方法的思维模式是：让对手的优势从绝对优势变为普通优势，从10分变5分。

## 11. 让客户意识到对手新的不足

让客户意识到对手新的不足是指让客户意识到他还没有考虑过，或者还不知道的竞争对手的不足。举例如下。

电话销售人员：您也提到，租房子最重要的是安全。您看您之前一直和我提的 × × 小区，昨天发生了盗窃案，安全问题您要考虑啊！

客户反馈1：我知道，这是偶尔发生的事件，影响不大。

客户反馈2：有这回事？我怎么不知道？你从哪里看到的？

显然，新的不足对第一种客户的影响，远远没有对第二种客户的影响大。如果客户知道你的竞争对手的某一个弱点，但还是会接受对方，说明对客户来讲，这个不足可能无足轻重，或者至少其现在没有意识到重要性。

再看一个案例，家具定制企业的电话销售人员是如何通过这个方法来影响客户的。

电话销售人员：您刚才提到，您看到的家具设计确实很不错。您有注意过它所使用的板材吗？

客户：板材不都一样吗？

电话销售人员：板材看上去很相似，但您锯开后，就会发现不同的家具厂的板材差异很大。家具一般都要用很多年的，耐用、坚固的板材更重要。对吧？

客户：是的。你们有什么不同呢？

这位销售人员很清楚竞争对手的优势是设计新潮，但家具所使用的板材质量不好。很多客户在购买家具的时候往往首先看重的是外观设计，会忽视板材质量。所以，这位电话销售人员运用这个方法引起了客户对对手弱点的关注，从而成功地影响了客户的决策。

### 12. 强化对手不足对客户的影响

如果你找不到对手新的不足，或者你知道客户了解对手的某一个不足，也承认这是对手的不足，你可以尝试强化对手不足对客户的影响，从而影响客户的决策。

例如，下述案例中客户关系管理的电话销售人员是这样做的。

电话销售人员：您之前告诉过我，您正在看的另一个品牌的客户关系管理，其设计有些复杂，对吧？

客户：是的，界面不够简洁。

电话销售人员：另一个品牌和我们一样，都是国内做得很好的品牌，只不过我们的定位不同，所以导致在功能、设计等方面存在很大差异。您提到界面不够简洁，您主要担心什么？

客户：倒也没有担心什么，就是觉得费些力气。

电话销售人员：我在客户关系管理领域已经拥有超过 8 年的经验，我很清楚界面不简洁会导致的严重后果，您之前有没有考虑过？

客户：我考虑过，就是会浪费时间、效率低。

电话销售人员：您说得太对了，效率低。您有没有考虑过，浪费时间、效率低耽误的都是销售人员的时间，时间就是金钱，这是在损失金钱，您说呢？另外，您猜猜销售人员的使用体验如何？如果体验不好，他们会主动用吗？如果他们不主动使用，很可能导致您的投入和回报不成正比。这看起来是小事情，但其影响很大。您考虑过吗？

客户：嗯，我要好好想想这个问题。

这个方法就是强化对手不足对客户的影响。

# 第 16 章 如何使客户接受高价格

电话销售人员都有一个痛：客户认为价格太高了。

有一种说法：只要你前期需求挖掘到位，谈方案时价值塑造好，价格是一个自然而然可以解决的问题。真的是这样吗？

我要警告你：你现在到了危险的边缘，无论前期你和客户的关系如何，往往会在这里功亏一篑。

你必须充分重视这个问题，你有没有考虑过以下两个问题。

- 如果因为价格的问题无法达成共识而损失合作的机会，你前期的时间、精力会耗费多少？对你的转化率和收入有什么影响？
- 如果这个环节应对得当，你与客户在价格上达成共识，对你的转化率和收入的提高又会有什么帮助？

在开始介绍本章的内容之前，我先讲一个案例。以下内容是一位电话销售冠军和客户的对话。

- 客户：价格太高了，低一些还可以。
- 电话销售人员：3 000 元价格太高？300 元您买不买？
- 客户：当然买。
- 电话销售人员：如果花 300 元对您一点效果都没有，您买不买？
- 客户：不买。
- 电话销售人员：如果价格不是 3 000 元，是 30 000 元，但能帮您带来 30 万元的回报，您买不买？
- 客户：可以考虑。
- 电话销售人员：为什么还要考虑呢？这么高的回报率。
- 客户：万一实现不了 30 万元的回报呢？

- 电话销售人员：真正重要的不是价格，是这次购买能带来回报的可信度，对吧？如果您相信项目能带来更大的回报，价格自然不是问题，对不对？
- 客户：是的。

这个案例给我们带来的启发如下：

- 价格是对价值的相信程度；
- 解决价格问题，重点是塑造对价值回报的可信度。

塑造价值回报并使客户接受高价格，你需要理解并能运用：

- 价格高背后的 8 种心理；
- 塑造价值回报的 5 种方法；
- 8 个谈判教训。

我需要解释一点，关于价格的问题，解决方法有两种：一种靠销售说服的方法，另一种靠谈判的方法。考虑到大部分电话销售的产品为标准化产品，价格是标准价格，达成共识基本不太需要依靠谈判，所以，本章以销售的方法来解决价格的问题。

## 价格高背后的 8 种心理

价格高，恐怕是所有电话销售人都会遇到的困难。要解决问题，你首先要对客户的心理状态有初步了解。根据我的总结，价格高的背后有 8 种心理：

1. 比较心理；
2. 不值得心理；
3. 风险承受；

　　4. 支付力和预算；

　　5. 占便宜心理；

　　6. 谈判心理；

　　7. 不平衡心理；

　　8. 不相信心理。

　　表 16-1 呈现了每种心理状态及解决问题的基本思路。

表 16-1　价格高背后的 8 种心理状态解析

| 心理状态 | 可能的需求 | 方法建议 |
| --- | --- | --- |
| 1. 比较心理<br>和其他品牌、渠道、产品相比，客户觉得价格太高了 | 这类客户往往不缺钱，也想选择你，但选择你的理由不够充分，信心不够强烈，你需要给出更多的选择你的理由 | 4 种竞争策略<br>强化优势<br>强化投资回报 |
| 2. 不值得心理<br>对是否有必要付出代价来解决其面临的问题，以及对是否要选择你的产品有顾虑 | 需要更确定自己目前正在进行中的购买是一项正确的选择 | 激发需求<br>给予证据 |
| 3. 风险承受<br>一旦决策失误，他无法承受相应的风险，对他来讲可能是严重的打击 | 将风险控制在自己可以承受的范围内 | 给予证据<br>风险逆转 |
| 4. 支付力和预算<br>客户很想与你合作，但目前没有足够的购买资金 | 如何获取资金<br>期望你能降价，或者找到其他方法 | 激发需求<br>解决钱的来源<br>谈判 |
| 5. 占便宜心理<br>一种习惯性的渴望优惠的心理 | 被尊重<br>心理满足感 | 满足心理需求<br>适当的物质响应 |
| 6. 谈判心理<br>对方让步才满意 | 降价<br>获得更多<br>心理满足感 | 满足心理需求<br>谈判 |
| 7. 不平衡心理<br>没有享受到优惠，或者在和他人购买的产品比较后产生的一种不平衡心理 | 合理解释<br>心理需求的满足<br>给予补偿 | 照顾情感需求<br>给予合理解释<br>适当物质补偿 |

（续表）

| 心理状态 | 可能的需求 | 方法建议 |
|---|---|---|
| 8. 不相信心理<br>听上去感觉很认可你，但对于你提到的回报是否真的能达到依然存在顾虑 | 对回报的确定性 | 案例<br>证据 |

## 塑造价值回报的 5 种方法

能和你聊到这个阶段的客户，基本上都完成了两个认可：

● 客户有需求，想购买，而且你通过塑造品牌信任和个人信任，客户认可你；

● 通过塑造方案价值，客户认可你的项目 / 方案 / 产品。

现在，客户开始考虑下一个重要的购买决定：是否值得买？是否认可你的价格？

我重点结合比较心理讲一下如何塑造价值回报，取得客户对高价格的认同。

### 塑造价值回报，从你与客户接触的那一刻开始

首先，请你回答一个问题：价值回报的塑造是从什么时候开始的？是从现在开始的，还是从一开始就已经塑造了？

如果你仔细想想这个问题，你会发现，价值回报的塑造是从你与客户接触的那一刻就已经开始了。

在初次接触客户的过程中，你有没有通过你的专业能力引起客户对你个人的信任？如果有，那么你就已经开始在塑造价值了。因为客户在和一个专业人士打交道，你没有浪费客户的时间。

在初次接触客户的过程中，你有没有通过良好的沟通能力与客户建立

融洽的关系，从而让客户拥有愉悦的体验？如果有，那么你就已经开始在塑造价值了。因为客户在和一个懂他、欣赏他、理解他的人打交道，客户在和一个他喜欢的人在交道，你让客户感觉到了快乐，这难道不是在塑造价值回报吗？

在需求挖掘阶段，你有没有通过你对客户情况的了解、需求的分析，帮助客户梳理并确认其认为的最有价值的需求，让客户更加明确他想要的是什么。如果有，那么你就是在为客户创造价值。

在谈方案阶段，你有没有针对客户的需求，快速给客户提供更有价值、更适合客户、更有建设性的方案？如果有，那么你就是在给客户创造价值。

不少电话销售人员问我："我们的产品／公司最大的差异就是价格高，怎么说服客户？"

如果你的公司、品牌、项目、方案或产品，和其他同行相比差异化很小，那么你个人就是塑造价值回报的过程中最关键的环节。这也是为什么我开篇就强调，你一定要成为一个专业的顾问型电话销售人员的原因之一。

你已经认识到塑造价值回报和你有很大的关系，下面是塑造价值回报，从而让客户接受高价格的常见的5种方法：

1. 强调投资回报（差异化优势）；

2. 强调物超所值；

3. 重新定义价格；

4. 降低价格的重要性；

5. 强调选择竞争对手面临的风险和损失。

## 1. 强调投资回报（差异化优势）

客户认为你的价格高，他在比较什么？客户在比较其需要投入多少，回报是什么，谁的投资回报更高。任何一个人都期望能投入最少、得到最多，客户也不例外。所以，塑造价值回报的第一个方法，就是让客户意识到，其与你合作可以获得最大的投资回报。

**（1）理解投入和回报**

为了获得最大的投资回报，你和客户首先要理解：什么是投入？什么是回报？投入和回报至少可以从以下 4 个方面衡量：

- 金钱；
- 时间；
- 精力；
- 风险。

客户在与你合作的过程中，和竞争对手相比，你是否可以做到以下几点：

- 让客户少花钱；
- 让客户少花时间；
- 让客户投入更少的精力；
- 帮助客户更好地规避风险。

如果是，那么你就是在帮助客户投入得更少。

你也要想想这些问题，客户在与你合作的过程中，和竞争对手相比，你是否可以做到以下几点：

- 让客户获得更多的金钱回报；
- 帮助客户更好地实现目标；
- 节省客户更多的时间；
- 让客户获得更愉悦的体验；
- 带给客户更多的其他资源，如人际关系和能力提升。

如果是，那么你就是在帮助客户获得更高的回报。

177

### （2）强调可量化的回报

我们在前面谈到时间、精力、金钱、风险，这些都属于投入和回报的一部分。为了让客户意识到他用了最少的投入换来了最大的回报，你就需要用数据说明，也就是量化投入与回报。

你需要回答一个问题：你的服务，尤其是差异化，给客户带来的可量化的价值回报是什么？

这种量化在很大程度上是用金钱回报来衡量的。我举一个客户的例子。

客户：你们的价格比另一家公司高了一倍。

老师：确实是，我们之前也聊过，我们的价格可能高于同行。您之所以实施这个项目，也是为了提高产能和转化率。按照我们预计的转化率最少提高20%来计算，您团队目前拥有30位核心人员，人均产能3万元。目前这30人一个月创造90万的销售额。在提高20%后，一个月多了18万元的销售额，一年多了216万元的收入，你可以很容易算出你获取的利润。这里还没有计算转化率提高所带来的营销成本的降低、人员流失率降低等省下来的成本以及团队关键人才为未来发展所奠定的基础等回报。总体上，一年内回报至少提升3倍以上。3年内回报至少提升10倍以上。

最后，虽然历经波折，客户最后也接受了我的价格。这就是量化客户的回报，让客户知道他可以得到的回报具体是什么。

再举一个我和客户沟通的例子。

客户：老师，价格还有没有调整的空间？

老师：从回报的角度，这个投入是很值得的，如果转化率最少提高20%，按照你们的平均客单价，获得回报是一个很简单的事情。另外再谈两点：第一，看上去我们按天收费，但项目中的前期调研、准备等，其实都需要我们投入时间；第二，我们服务里面最有价值的部分，是对团队的诊断、核心问题的把握，这一部分对团队的帮助最大。至于调整的空间，你的预算是多少？我根据你的预算看看如何调整方案，来尽可能满足你的期望。

　　客户：我期望能不能控制在……

前期的说服很重要，你一定要让客户意识到，他在与你合作后能得到的可以量化的回报是什么，你为客户节省了多少钱，以及节省的时间和精力的价值是多少。

### 2. 强调物超所值

有一位学员问我："当客户在意向阶段时，我给客户报了价，自此意向度开始降低，慢慢开始就不理人。这个时候是否需要降价？"

请你记住：在信任和价值没有塑造起来的情况下，绝对不能降价。

但我更想说的是：无论你和客户所处的阶段如何，无论你的价格高还是低，你都要考虑以下几个你可能已经忽视的问题。

- 如何报价才能进一步塑造价值？
- 如何报价才能激发客户的兴趣？
- 如何报价才能化被动为主动？

如果你的价格塑造不好，客户一听价格也许就退缩了。正确的做法是：塑造物超所值的价值。

和竞争对手相比，客户与你合作可以实现以下 3 个目标：

- 花钱少、得到多；
- 花同样的钱，得到更多；
- 买同样的东西，花钱更少。

如何创造这种感觉？接下来我就结合"报价"这个环节来讲一讲。

到了这个阶段，客户确实感兴趣了，也基本认可你的产品了，客户自然会问到价格。当然，客户不主动问，你也需要主动将客户的注意力引导到价格上。毕竟，就价格达成共识是购买的一个关键里程碑。

以下 3 种不同的报价方法，你觉得哪一种更能打动客户？

● 上门服务的价格是 99 元一次。

● 上门服务的价格是 128 元一次，目前刚好有优惠，仅仅需要 99 元就可以了。我帮您预约上门的具体时间，好吗？

● 我先给您解释一下，这个价格里面包含了 3 部分：市场价格为 400 元的正版软件费、100 元的安装服务费和 50 元的交通费，总价格为 550 元。但目前针对来电客户，仅 128 元，非常划算。况且，现在就帮您预约上门时间，还能帮您申请一个额外的优惠金额，仅仅需要 99 元就可以了。您看现在就帮您预约，好吗？

答案无疑是第三种，因为销售人员借助物超所值的方法塑造了价值回报，从而让客户接受价格。具体有 4 个方法，简称"加减乘除法"。

## （1）加法

做加法就是将客户所有得到的产品、促销品、赠品等产品和服务的价值相加，让客户产生一种印象：花同样的钱，得到了更多。我们看看以下例子。

调研费为 2 万元，培训费为 9 万元，辅导费为 2 万元，线上学习费为 2 万元，共计 15 万元。现在购买能享受特别优惠，调研费、辅导费和线上学习费全免，仅仅收取 9 万元，相当于您只花了 9 万元的培训费，就获得了价值 15 万元的辅导项目。

以餐饮项目的加盟为例，招商顾问要塑造加盟费的价值，而不仅仅是给客户报一个加盟费。客户询问加盟费的时候，你可以参考以下回答方式。

加盟费为 59 800 元，非常超值，我为您解释一下都包括了什么。

第一，一套成熟运作的体系，从产品、运营到营销，您自己做的话，投入 1 000 万元也未必做得到。况且，您自己做还可能面临失败的风险。

我们看看以下例子。

● 1个月省50元，1年就节省了600元。

● 1个月多赚100元，1年就多赚1 200元。

● 因为业绩提升，1个人为公司每月多赚1 000元，100人就是每月 10万元，1年就是120万元。

**（4）除法**

做除法就是将客户多付出的钱，除以时间、人数等数量单位，让客户 感觉单价很值得，或者也没有多付出太多的心理。

我们看看以下例子。

培训费为1万元，50个学员，平均一个人才200元，分摊到12个 月，每个月每个人才20元。况且，这多出来的1万元，和每年您支付的 几百万元的工资投入相比，这都是九牛一毛啊！您为了这点钱错过最好的 老师、最好的课程，受损失的不还是您吗？

**你不得不提前报价，怎么办**

我们回头看看这个场景：客户处于意向阶段，信任和价值都还没有被 塑造出来，但客户要求你报价，否则客户不和你继续谈。当你不得不报价 时该怎么办？

除了我之前告诉你的反问方法，结合物超所值这个方法，你可以这样 回应客户。

关于价格，我给您解释一下，和其他同行相比，我们的价格确实非常 高，但这也正是我们的客户如A公司、B公司和C公司选择我们的原因， 因为我们为他们带来的价值远远高于价格本身。目前的价格是12 800元， 但里面包含了价值98 000元的3个产品……您觉得这个价格怎么样？

这就是在报价的时候，你可以运用物超所值的方法塑造价格本身的价值。

---

**测试**

看看这个案例，具体用到了哪些方法？

电话销售人员：我们的年服务费为 1 980 元，展位费为 400 元，排名费为 600 元，总价为 2 980 元。

今天订购，从现在开始，年服务费不需要 1 980 元了，展位也不需要 400 元了，排名也不需要 600 元了，所有这一切都只需要 1 580 元。相当于使用低于服务费的钱，得到了年度服务、展位和排名。节省下来的 1 400 元，您还可以做其他的推广使用，不是很划算吗？

---

### 3. 重新定义价格

这个方法和之前讲的重新定义需求是一个方法。对于价格至上的客户，你自然无法否定他，但你可以认同他。认同他提出的价格是重要的需要满足的需求，甚至是第一需求。

如何定义价格？你可以有不同的理解。最常见的做法是：将价格从一次性支出转变为单价、使用成本、总体拥有成本或实际支出，总之，可以转变为任何对你、对客户都有帮助的理解。

我带你看几个重新定义价格法的应用案例。

**从价格转向单价**

客户：老师，您的价格比别人高 1 倍。

老师：我知道您关心价格，我也认为价格很重要，最应该被考虑。从价格角度看，我们的价格其实是最低的，而不是最高的，您知道为什么吗？因为我们不仅提供您表面上看到的 3 天课程，为了这 3 天的课程，我们前期至少要用两天进行调研，课程的准备、案例的设计等都是定制化的，至少要花费 3 天的时间。我们的培训是 3 天，但为了这 3 天，我们真正的工作时间不少于 7 天。这么算下来，每天的价格其实是最低的。

## 从价格转向实际支出

电话销售人员：您说这里的房价高，如果单纯从购买价格看，的确是最高的。但其实是最便宜的，您知道为什么吗？

你看这套房子的价格是 500 万元，另一套房子是 400 万元，5 年后，假设两套房都升值 50%，这套房涨到 750 万元，另一套涨到 600 万元。假设您卖掉这套房，您多了 150 万元现金，而卖掉另一套您只多了 100 万元现金。

况且这里位于市中心，交通方便，5 年下来还为您省下不少交通费呢。您说哪套房便宜？

## 从价格转向总体拥有成本

电话销售人员：您说我们的辅导项目比培训项目贵了不少，这确实是。但如果从总的项目投入角度看，这种方式却是最便宜的。因为您的投入＝支付给我的钱＋您的团队成员投入的时间和精力（可以换成钱）。培训后的落地，能力和业绩转化才是您真正需要的，对吧？但落地转化需要您整个团队，无论是管理层，还是一线人员，都投入时间和精力的。没有我的参与，您的团队会投入更多的时间和精力。我的参与会让您的团队成员花最少的时间和精力来完成转化，也就是用最少的投入完成转化。这样算下来，从您整个投入的角度来看，不是最少的吗？

来看看这个案例：销售人员是怎样通过重新定义价格来影响客户的。

客户：价格将是影响我们决策的重要因素。

电话销售人员：是的，我能理解价格对于你们的重要性。不过我想问一问，您所指的价格都包括哪些开支？

客户：就是购买设备所花的钱。

电话销售人员：我想"价格"不仅是指购买设备的钱，而且还包括交货运费和安装费用吧？

客户：是的，这些肯定也要花钱。

电话销售人员：从你的谈话中我理解到，你所提出的价格，除了购买设备款外，还要增加其他因素的花费，这是重要的。最准确的计算方法应该是购买价格＋运费＋安装费＋运转费用，对吧？

客户：这样解释价格是最全面的。

电话销售人员：所以，总体成本实际上是购买价格与运费、安装费及运转成本的总和。

客户：是，其他安装费与运费都是可以一次性计算的。

电话销售人员：有道理，我们都认可了一点，即价格是影响您决策的最重要的因素，主要是指购买成本和运转成本，您需要好好计算一下。

客户：没错，确实要这样来计算。

电话销售人员：您还要考虑设备在整个使用年限内的运转费用。

客户：那当然，一旦设备开动了，这个费用就要发生，小数怕长计，多年下来可不是小数目。

### 4. 降低价格的重要性

降低价格的重要性和之前介绍过的降低竞争对手优势的重要性或提高你优势的重要性类似。

这个方法将价格的重要性排在其他需求（如效果、品质、配送、保障等）的后面，从而让客户更关注你的优势，弱化其对价格的关注。

举个例子，一个客户和我谈价格，我把价格的重要性排在了品质和效果之后。

客户：您的价格比其他公司高1倍，我不好和上司交代。

电话销售人员：理解，您公司的产品卖得如何？

客户：挺好的。

电话销售人员：确实挺好的，您觉得是什么原因？

客户：我们的品牌好、品质好。

电话销售人员：我也一样啊，为了品牌、品质和效果，多投入一点钱也是值得的，对吧？

下面这个方法我也经常这样用。

客户：你的价格太贵了，比其他公司高1倍。

电话销售人员：效果和价格，哪个对您更重要？

客户：当然是效果更重要。

电话销售人员：所以，如果能保证效果，价格高点也是值得的，对吧？

这个方法将价格的重要性排在其他需求之后，从而让客户更关注你的优势，弱化其对价格的关注。这个方法的前提是客户认可你的差异化优势。

## 5. 强调选择竞争对手面临的风险和损失

选择竞争对手的风险和损失，是一个显现对手弱点的用法。该方法的目的是让客户意识到他如果选择你的竞争对手可能面临的风险和损失是什么，这种风险和损失可能会涉及金钱、时间、精力。当然，最好将风险和损失量化。

接下来，我以技术服务工程师在提供服务的过程中向客户推荐延保服务为例具体说明。

客户：你们比另一家公司高了10%。

电话销售人员：这个确实有可能。您也提到，您之所以选择我们是因为我们提供3年的保修期，而其他公司都是2年保修期。您也知道，第3年机器出问题的概率要比前两年大很多，对吧？第3年机器一旦出问题，维修费用少则几百元，多则几千元，这远远高于这10%的价格差了。所以，我们的价格也算公平合理了，您觉得呢？

运用这个方法，一定要注意以下 3 个细节：

● 尽可能深化信任关系；
● 引导对方去思考，其可能会遇到的风险和损失，而不是说服对方；
● 如果要说服对方，一定要有充分的、可被接受的证据（如案例）来支持你的观点。

综上所述，塑造价值回报，促使客户接受高价格，从和客户接触的那一刻就已经开始了。

## 测试

请问下面的 3 段话都用到了什么方法？

● 我知道您关心的不仅是讲师费，而是整个培训项目的支出，对吧？培训项目的总支出包括学员差旅费、住宿费、餐费、学员时间成本和机会成本、组织者时间成本和讲师成本。这样算下来，这个项目中的讲师成本仅仅占整个项目的 30% 左右。您提到我们比其他报价高 50% 左右，50%×30%，其实也就高了 15%，差别不大，和我们合作是值得的，对吧？

● 如果单纯看培训，我们确实比其他机构高 50% 左右，但从整体来看，您的成本并不仅仅是培训费，还包括了学员和管理者接下来至少 6 个月，甚至是更长时间的学习成本，这个投入包括了时间成本、工资成本、机会成本等，这样算下来，您为了学习，可不单单是这个投入。从长期来看，我们高的这 50% 微乎其微，您更应该选择您认为真的能帮您实现目标的合作伙伴，而不只是看价格。您觉得呢？

● 总体上高了 50%，但平均到每一个人，其实也高不了多少钱。您每年在每个人身上的工资投入至少是培训费的 50 倍，至少是高出来的费用的 300 倍，这么一比，讲师费就不算贵了，对吧？

---

# 8 个谈判教训

如果通过以上方法，你还是无法在价格方面和客户达成共识，很可能你需要使用谈判的方法。销售谈判是一门独立的销售培训课程，考虑到销售谈判是销售流程中的一部分，对有些电话销售人员来讲，谈判成交是决定成败的关键环节，我觉得还是有必要介绍几个重点。

### 8 个导致谈判成交失败的原因

我从事销售行业 20 多年，见证了很多项目，它们前面 99% 的工作看上去很完美，但最后 1% 的谈判成交没做到位，一切都前功尽弃。

谈判成交的原因可能有很多，但这 8 条做不到或做不好，丢单的可能性就大大增加了。

1. **没有为谈判成交做充分准备。**尤其是看上去板上钉钉的项目，往往会让你疏忽大意。

2. **选择了错误的谈判成交沟通方式。**谈判成交的沟通最好是面对面的，一定慎用微信。即使你的表达没有任何问题，你也无法把握对方是如何理解你所表达的内容的，误会往往就这样产生了。

3. **在不合适的时机过早地进入谈判阶段。**如果客户没有做出有条件的承诺，或者你还没有进一步的有价值的说服方案，抑或是你还没有提出书面的条款，那么你的任何谈判行为都可能导致灾难性的后果。

4. **期望用最利于自己的条件成交。**如果都想用最利于自己的条件成交，谈判无疑是困难的，不仅周期长，而且你会错过重要的时机，甚至弄巧成拙。请记住：适可而止，无论是对买方还是卖方，都一样。

5. **谈判沟通中情绪管理出问题。**如果出于各种原因，在谈判中你被激怒了，你想放弃了，有可能导致你做出不合适的行为，客户也有可能离你而去。

6. **没有挖掘对方的真实需求。**谈判中客户提出的往往是要求。他真正想实现的是什么？他的担心和顾虑是什么？这些都需要你挖掘。

7. **没有照顾到对方的情感需求。**"赢的感觉"比"赢"本身更能促使客户与你合作。

8. **谈判成交的节奏把握不准。**解决分歧的策略是什么？什么时候用？你的节奏和计划是什么？这些都需要你把握好。

## 销售谈判的 4 个时机

很多电话销售人员在不应该谈判的时候进入了谈判阶段，从而导致后期变得很被动。例如，客户刚一提到价格高，销售人员就开始降价，这就是过早地进入谈判阶段的例证。

一般来讲，如果以下 4 个条件都满足了，你就可以进入谈判阶段了。

1. **客户提出有条件的承诺。**客户明确表示已经认可你的产品和方案，只要双方就价格达成共识，就可以立刻展开合作。

2. **提交了建议书或标书。**你已经将合作的各种细节文件、条款等交给了客户，并和客户沟通过合作的细节，客户提出价格、付款方式等问题。

3. **顾虑是无法用优势去说服的。**你借助自身的优势等无法说服客户，这可能源于你确实没有优势或是你的优势不明显，或者客户预算确实不够。

4. **清楚掌握客户所有的反对意见。**在你问客户"现在阻碍我们合作的唯一因素是不是价格问题"时，你从客户那里得到了肯定的答复。

### 解决分歧的 4 种方法

谈判往往需要解决你和客户在价格、付款方式、供货周期、产品规格、颜色等方面产生的各种分歧，分歧的解决方法一般有以下 4 种。

#### 1. 交换

所谓交换，就是你能满足客户的期望和需求，但同时，你提出交换的条件，期望客户也能答应你的要求和期望，从而实现双赢。

例如，客户期望降低成本，要求你降价，你可以答应客户降价的要求，但你要求双方签订 5 年的长期采购协议。或者你告诉客户，年采购量在 10 000 个单位的客户，可以享受客户期望的价格。

这样一来，客户获得了他想要的东西，而你也获得了你想要的，双方也就更容易达成共识了。

#### 2. 附加

附加的意思是，在有些条款上，你不能答应客户的要求，但你可以提供额外的一些产品、服务等，来提高你的方案的价值，借此和客户达成共识。

以价格为例。你在不能降价的情况下，可以送服务、送课程、让培训更落地。借此，客户得到了更多的、更好的服务，而你得以保留了较高的价格。

#### 3. 折中

折中，就是指在有些条款上，双方各退一步。这种做法一般用在相对不重要的条款上，并且一般在谈判的中后期使用。

#### 4. 让步

让步，就是你无条件地答应客户的要求。一般到了谈判的最后阶段，做出一些小的让步后，在可以马上成交的时候，可以使用这个方法。

# 第五部分

## 要承诺

　　我已经介绍了善准备、抓开场、挖需求、谈方案4个部分，本部分的重点是要承诺。

　　所谓承诺，就是客户答应会去做的事情。要承诺是指双方就下一步的具体行动达成共识，从而推进销售进程。

　　本部分重点为你解决以下4个问题。

- 如何判断客户的接受程度？
- 如何快速推进，缩短成交周期？
- 如何轻松地和客户达成共识？
- 如何推动犹豫不决的客户做决定？

# 第 17 章 如何判断客户的接受程度

电话销售人员都会有一个痛：对客户的心理状态判断不准。

下文列出了一些常见的场景。

- 客户说要开店，但 6 个月过去了，客户还不来考察。
- 客户认可你的项目，但就是不来考察。
- 客户总是说要考虑考虑，也不抗拒和你接触，但就是不签单。

要解决这些问题，你首先必须明白以下 3 件事。

- 客户的需求是真是假？其急迫性如何？
- 客户对你的认同度如何？
- 客户对价格的认同度如何？

你需要具备准确判断客户的真实态度的能力。真实态度并不是指客户说了什么，而是反映了其真实想法。

在解决这个问题之前，你首先必须认真考虑以下两个问题。

- 如果你错误地判断了客户的态度，错过了向下一步推进的关键机会，这对你的转化率和收入有什么影响？
- 如果能更加正确地识别客户的态度，根据客户不同的态度采取不同的解决问题的方法，这对你把握合适的沟通节奏、提高转化率和收入，有什么帮助？

判断客户的接受程度、洞悉客户的真实想法，你必须理解并掌握以下两点：

- 识别客户接受度的 3 种方法；

● 倾听客户的 9 类购买信号。

## 识别客户接受度的 3 种方法

识别客户接受度是指在你和客户沟通过程中，尤其是你介绍了观点、方案、项目、产品及顾虑后，客户对你所讲内容的接受程度。

大部分电话销售人员基本是通过客户说的话来判断客户的态度的。但客户的话是真的吗？说买的客户一定会买吗？说不买的客户一定不会买吗？恐怕未必。

你必须根据客户的心理状态来决定你下一步的沟通行为。如果你判断错了，你的下一步行为肯定会出错。例如，如果客户内心还没有接受你的产品，但你判断错了，你认为客户已经接受了，你可以使用促销政策了。结果客户非但没有被打动，反倒让你的促销政策失去了意义。

因此，只有识别了客户内心的真实态度，你才能根据其真实态度采取相应的行动。

一位餐饮加盟行业的销售顾问给客户做完产品介绍后，客户可能有如下 4 种反应。

1. 客户没反应，沉默。
2. 客户直接说："好的，我考虑一下，再联系。"
3. 客户直接问："这些我都知道了，加盟费多少钱？"
4. 客户问细节："你刚才提到的鱼是什么鱼？你们为什么选择这种鱼？"

根据以上 4 种反应，如果让你按照客户的接受度排序，你会怎么排序？哪个客户最可能接受？哪个客户最可能不接受？你的理由是什么？

要准确判断上面的场景，你可以关注以下 3 个方面：

1. 倾听客户对你的回应方式和反馈方式；

表 8-1　开放式问题和封闭式问题对比

| 开放式问题 | 建议改成封闭式问题 |
|---|---|
| 您看什么时候方便 | 您是晚上方便还是白天方便 |
| 有什么需要我帮助的 | 您是要投资餐饮项目，对吧 |
| 您都关心什么 | 您是关心投资金额还是回报率 |

为了让客户更加主动地参与沟通，你需要在一开始问问题的时候，选择封闭式问题，尤其是在你与客户的信任关系还不强的情况下。

### 2. 取得提问权

取得提问权就是通过征求客户意见的方式让客户同意，你可以问他问题。如果客户同意你问的问题，那就意味着他同意回答你的问题，通过这个方法，引发客户的互动。

例如："可否请教您两个问题？"

这种方法尤其适合当你需要询问很多问题的时候。

### 3. 好处提问法

好处提问法就是在你提出问题，尤其是提出敏感问题的时候，在问题前面加上：客户回答你这个问题对客户的好处或理由。目的是让客户意识到，他有必要回答你的这个问题，从而引发客户互动。最典型的问法如表 8-2 所示。

表 8-2　好处提问法

| 问题本身 | 好处提问法 |
|---|---|
| 您在广州哪个区 | 我帮您看看能选择的商圈，您在广州哪个区 |
| 您之前有没有创业经历 | 针对没有创业经历的创业者，我们会提供额外的创业补助计划，您之前有没有创业经历 |
| 孩子的英语成绩怎么样 | 针对不同的水平，我给您推荐的学习班也有很大不同，孩子的英语成绩怎么样 |
| 您的期望是什么 | 针对不同的期望，我设计的方案会有比较大的区别，您的期望是什么 |

电话销售人员让客户对未来的某一个时间点和即将到来的决策做好心理准备，就能避免客户在做决策的时候因为心里没有准备好而导致拖延。

### 5. 投资金额 / 预算

如果你销售的是多产品、定制化方案，而非单一的标准化产品，你就一定要了解客户预算，包括预算审批流程。你可以问客户以下问题。

- 不同的预期回报的投资差异很大，您期望的投资在什么范围？
- 不同预算方案的设计差异很大，您对这个项目预计的投入在什么范围？
- 这笔款项是否已经准备好？
- 这笔款项的审批流程是什么？
- 谁最后同意才算是审批通过？

### 6. 竞争类信息

知彼知已，百战不殆，要想赢单，你需要知道客户都在考虑哪些解决方案。对于竞争类信息来说，你想获取，而客户想隐瞒，所以获取这类信息相对更困难。为了获得竞争类信息，你需要注意 3 个关键因素：信任关系、提问时机和提问方法。

信任关系是基础，客户信任你，把你作为优先选择的供应商，自然容易与你坦诚沟通。

提问的时机很重要。例如，客户主动提到竞争对手的时候、客户主动拿你的品牌和其他品牌进行对比的时候、客户主动提到你的品牌的缺点的时候，往往都是比较合适的提问时机，这时询问竞争类信息就会显得更自然。

有了信任，把握了时机，你可以尝试通过以下提问方法来了解竞争类信息。

### 3. 确认

有时候客户说的内容不太清晰或没有逻辑，避免理解错误，你就需要使用确认的方法。

确认的方法就是总结客户所讲的内容，并确认你的理解是否正确。

（1）我总结一下，您是想……对吗？

（2）刚才您提到了3点，为了避免误会，我总结一下……请问我这样理解正确吗？

---

**测试**

你能看出来下面对话中，回应、澄清、确认，各是什么吗？

客户：我们目前的转化率还不是很高，我期望老师能帮助我们。

老师：了解，你们目前的转化率是多少？

客户：目前是3%左右。

老师：3%在你们行业属于什么水平？

客户：偏下水平。

老师：你是怎么得出这个结论的？

客户：我和我们同行交流过，做到5%属于比较好的。

老师：理解了，你期望我的介入能帮你提高到多少？

客户：期望能提高到5%，至少4%。

老师：明白，你期望我帮你将现有转化率从3%提高到4%，对吧？

---

润率下降、回款时间长、占用资金、丧失新的市场机会等。

● 从品牌宣传角度来看，持续推广会带来一系列好处，如提高利润率、增强老客户的信心等。

后来，她告诉我，经过这样的引导，客户继续使用了她们的推广服务。这就是专业能力的价值，有专业能力，自然容易让客户承认痛苦。

当然，在引导客户承认痛苦方面，请你记住一句话：客户承认的未必是真实的；客户没有承认的未必是不存在的。

## 激发需求的激发式询问法

你虽然知道了客户的痛苦，也知道了客户的目标和梦想（详见第 9 章），但客户还是迟迟不行动，这时候你就需要激发需求的急迫性和重要性。

激发需求的急迫性和重要性离不开激发式询问法。我们来看一个学员的案例。

老师好、同学们好，我给你们分享一个一句话让客户同意付款的案例。

老师，您上一堂课讲到了激发式提问法，我刚才在课间休息的时候马上实践了一下。就是这个方法，就是这 1 句话，客户同意付款了。

我与一位客户接触两个月了，客户说肯定会做的，但始终以产品还没有推出为理由，迟迟不下单。我问过客户，产品什么时候出来，客户说 10 月。现在是 8 月中旬，客户想到 9 月底再办理。

听了老师讲到的激发式提问法后，做练习的时候，我就站在客户的角度问了自己一个问题：到了 9 月再推广，对客户来讲，有什么风险？有什么问题？

我是一个行动力特别强的人，有什么想法就会马上去做。我课间休息的时候就给客户打了一个电话，客户还是想等到 9 月再办理。我就问了他

# 第四部分
## 谈方案

前三个部分介绍了善准备、抓开场、挖需求，本部分的重点是谈方案。

谈方案是表达观点、给出建议，也是介绍、说服，还是塑造价值、解决问题。挖需求，是你在问；而谈方案，是你在说。

先做一个测试题，你觉得谈方案的目的是什么？

1. 为了让客户购买。
2. 帮助客户理解项目和产品。
3. 塑造价值，激发客户了解项目和产品的渴望。
4. 取得客户对项目和产品的认同。
5. 得到客户对价值的认同。

需求，就是吸引客户注意力的关键方法。表示了解客户的需求，提到客户的场景，就是这个方法的实际运用。

如果你之前了解过客户的需求，那么你就可以运用同理心法则，表示你了解客户的需求。举例如下。

电话销售人员：我了解到您非常关心回报率，对吧？

电话销售人员：我知道快速回本对您来讲非常重要。

电话销售人员：您对食材新鲜度的关心是非常有必要的。

如果客户并没有给你机会来了解共需求，你可以提及客户的基本情况或应用场景，根据你的经验来进行针对性的介绍。

以电脑升级为例说明，你虽然不知道客户对于升级的具体需求是什么，但基本上你知道一台旧机器可能遇到的使用问题。你可以这样讲："您现在开机需要多久？有 1 分钟吧？升级后，最快 4 秒就能开机，运行速度极快。"

运用同理心了解客户的需求是为了吸引客户的注意力，因为客户此时关心的是自己的需求、自己面对的问题和自己所处的情况。

## 2. 将需求与特色、利益相结合

如果你做到了前面所谈的方法，此时此刻，客户的注意力便完全集中在与你的电话沟通上了，客户此时此刻最关注的问题一般有以下 3 个。

（1）你的产品有什么特色（特别之处、差异化）？

（2）拥有你的产品和服务对我有什么好处？

（3）你是怎样做到的？你要如何带来这些好处？

这就形成了介绍方案、项目或产品的通用方法：FAB 法则。

（1）F（Feature）：卖点、特色。

（2）A（Advantage）：优势，即你是怎么做到的。

# 第15章　如何使客户认可产品

电话销售人员心中肯定有一个痛：客户不认可。你好不容易和客户建立起信任，你也了解了客户的需求，而且，客户也和你就方案/项目进行了深入探讨，但最后，客户却对你的方案、项目或产品不认可。

你的客户会以什么理由拒绝与你合作？虽然行业不同，但电话销售人员遇到的各种不认可，除了第14章提到的"不信任"以及第16章会提到的"不值得"以外，其他基本可以归纳为不合适。

所谓不合适，并不是客户完全否定你的项目、方案和产品，而是客户的心在天平两端摇摆。一端是选择你的理由，另一端是选择你竞争对手的理由，你将面临客户在5个决策点的心理煎熬：

- 有需求（有必要买）和无需求（没必要买）在竞争；
- A品牌和B品牌在竞争；
- A产品和B产品在竞争；
- A价格和B价格在竞争；
- 今天买还是1个月以后买在竞争。

关于这个方面，一位客户的内心独白能说明问题。他是这样说的："做决策的过程总是让人痛苦，如果世间有完美的合作伙伴就好了。但事实上，总有人在某一方面让你满意，而在另一方面让你不满意。想得到一些，总是要失去一些。但让你难过的，并不在这里，而是你并不能确定，当你做完决策后，你是否能得到你期望得到的结果。"

决策总是有风险，但你必须去承担这种风险，否则，你可能什么都做不了，因为你永远不能决策。

在这个过程中，谁能影响客户的决策，谁就能在竞争中脱颖而出。这也是本章我要介绍的重点。

求中的"操作简便"定义成了"培训后操作简便"。具体对话如下。

电话销售人员：请问你们为什么这么看重操作简易？

客户：因为公司里使用这款软件的人很多，而且人员流动性很大，所以为了节省培训成本，我们必须购买一款简单易操作的软件。

电话销售人员：其实，操作简易反映了熟练程度。是吧？

客户：那当然，熟能生巧。

电话销售人员：关于这个问题，我们都向客户提供免费的培训服务。凡是购买我们软件的客户，都要参加培训班，一般半天就可以很熟练地掌握这套系统了。如果客户提出要求，我们的培训服务时间也可以相对延长。而且，这些培训都是免费的。他们经过培训后，操作起来也就熟练多了。

客户：好，这我就放心了。

这就是重新定义需求的结果。当你不能满足客户重要需求的时候，不要反驳客户需求的必要性和重要性，但你可以尝试运用重新定义的方法来改变客户对于需求本身的理解，从而达到影响客户的目的。

### 8. 满足需求而非要求

满足需求而非要求，指的是挖掘客户要求背后真实的需求，尤其是需求产生的动机，通过满足需求产生的动机，而不是满足表象的需求，来克服不足。这个方法其实在电话销售过程中非常普遍，尤其是需求挖掘充分的情况下，自然满足需求的方案就会有更多。

例如，客户期望配件 3 小时送货上门，但一般该行业 4 ~ 6 小时的配送时间是常态。电话销售人员经过深入了解后，发现客户的情况是生产不稳定，太多的配件库存会导致成本提高，但较少的库存有可能影响生产。所以，客户期望 3 小时配件上门，以后甚至会要求 1 小时上门。电话销售人员知道在正常情况下 1 小时肯定做不到。后来，经过和客户协商，如果第二，我们免费为您运营线上外卖业务。您自己做的话，即便投入一个团队来做也未必做得好。这一部分一年至少都您节省 20 万元的投入。

第三，再送您一个开店名额，相当于您只投入了 59 800 元却得到了两个开店名额。

您可以算一算，您只花了 59 800 元得到了两个开店名额，每年 20 万元的线上运营服务，价值千万的餐饮店复制系统。您说，59 800 元是不是很值得？

当然，这套说话技巧也可以用在客户认为你价格高的时候，而不是报价的时候。

这都是做加法的具体应用。另外，做加法一定要注意以下两点：

- 赠品是刚需品，要能让客户体验到实际价值；
- 如果可以做到，一定要先塑造赠品价值。

### （2）减法

做减法就是将客户所付出的金额，减去促销品、赠品（最好是刚需产品）的价格，让客户产生一种只花了很少钱，就得到了自己想购买的产品的感觉。

我们看看以下例子。

- 培训费为 9 万元，减去 2 万元调研费，2 万元辅导费，2 万元线上学习费，相当于您才花了 3 万元培训费。
- 硬件升级花费 1 399 元，减去 500 元正版软件费，300 元上门服务费，200 元远程服务费，相当于市场价格为 1 000 元的内存和硬盘，您仅仅花 400 元就可以了。

### （3）乘法

做乘法就是将为客户省下来的钱、收益等，通过拉长时间的方式，让客户感到收益更多。

2. 倾听客户都问了什么类型的问题；

3. 倾听客户都表达了什么类型的顾虑。

### 1. 倾听客户对你的回应方式和反馈方式

电话沟通最大的障碍之一是：倾听。面对面沟通，你可以通过对方的肢体语言、面部表情的变化来进行判断。但对于电话沟通来说，你唯一能依靠的就是倾听。那么，你要倾听什么？

你首先要倾听客户的回应方式和反馈方式，也就是你在陈述观点，介绍项目、方法、产品，解决顾虑的时候，客户是如何回应的。

关于客户的回应方式，你要注意 3 点：回应的节奏、内容、兴奋度。

（1）如果客户的回应节奏和你讲话的节奏一致，并且回应迅速，例如，你停顿的时候，客户回应；你重复一些重点的时候，客户回应，这些都说明他关心你所讲的内容。

（2）如果客户回应的内容和你讲话的内容有一定关系，例如，客户复述你的内容，说明其注意力在你身上；但如果客户回应的内容始终是"嗯"，那么他有可能在敷衍你，这说明客户对你所讲的内容并不感兴趣。

（3）如果客户以一种积极的、主动的方式回应你，如爽朗的笑声、高的音量、肯定的语气，这都是积极信号。你还要判断你在讲话的过程中，客户的兴奋度有没有变化，即他有没有从积极主动变为消极被动。

关于客户的反馈方式，你也要注意 3 点：打断你的时机、互动的程度和反馈的方式。

（1）**打断你的时机**。你在进行介绍的过程中，客户会打断你，这不一定是坏事情。下面介绍 4 种场景。

● 你还没有介绍完，客户就打断了你，并针对你所讲的内容发问。这说明客户对你讲的内容感兴趣，并且想深入了解，这是积极信号。

● 你还没有介绍完，客户就打断了你，并针对你之前讲的内容发问。

这说明客户对你现在讲的内容不感兴趣，但其关注你之前提到的内容。这有可能是你在介绍过程中，没有通过确认来得到客户的反馈而导致的。这也是积极信号。

● 你还没有介绍完，客户就打断了你，并针对另一个双方没有谈过的问题发问。这说明客户对你现在讲的内容不感兴趣，但还是对你介绍的产品感兴趣。这也是积极信号。

● 如果客户打断你后，并没有和你进行深入互动，这就不是积极信号了。

（2）**互动的程度。**你在介绍的过程中，客户就你的某一个观点、方案、产品的某一个卖点等，主动表达自己的看法，和你交流、互动，这说明客户对你是认可的。交流互动的深度越深、氛围越融洽，说明客户对你的认可度越高。

（3）**反馈的方式。**你通过"确认得到反馈"的方法（之前讲过），询问客户的态度和看法，客户一般会给你反馈。你需要关注客户反馈的速度和语气。

● **反馈的速度。**客户快速地给出了反馈，还是犹豫了以后给出反馈？快速反馈可能是下意识反应，其真实性较高；犹豫后的反馈表明客户内心可能在判断是否回答、如何回答、讲真话还是讲假话，等等。例如，你问客户："怎么样？"客户说："嗯……还行。"客户拖了一个很长的"嗯……"说明其在犹豫。当然，要做到准确判断，你还需要结合客户的语气。

● **反馈的语气。**语气是坚定还是不确定？例如，刚才讲的"还行"，如果语气是坚定的，说明"行"的可能性大；如果语气是不坚定的，甚至带有语气词，如"还行吧"，这就说明客户内心可能是否定的。

综上所述，讲话的过程中，你的注意力一定要集中在客户的回应和反馈上，通过客户的回应方式和反馈方式来判断其真实态度。做好这一点需要你不断练习。

### 2. 倾听客户都问了什么类型的问题

客户问的问题类型代表着客户处于不同的心理阶段。

我在前面为你讲过销售里程碑，客户的心理阶段是从一个阶段到下一个阶段的。如果客户问的问题属于下一个阶段的问题，那基本可以表明，客户对上一个阶段是认可的。

例如，客户问到很多与产品使用有关的细节，这就说明客户的"需求阶段"可能已经完成，至少表明客户是有需求的。

以在线英语学习为例说明，在你报价后，客户并没有和你讨价还价，但询问了关于退款机制、付款方式、老师的安排和上课时间等细节，说明你的价格在客户内心基本属于可以接受的范围。

你必须通过客户关心的问题及询问的问题来判断他目前处于销售里程碑的哪一个阶段，从而判断客户的真实想法。

### 3. 倾听客户都表达了什么类型的顾虑

顾虑是未被满足的需求。不同的顾虑代表客户所处的阶段不同。

例如，你和客户谈了购买电脑，客户说："现在租赁挺流行，我们在考虑通过租赁的方式，而不是购买。"客户的这个顾虑基本表明客户所处的阶段位于模式认同。你需要做的事情是将租赁和购买进行对比，并解释为什么要选择购买而不是租赁。

关于这一点，你最好能结合你的销售里程碑，形成属于你的"客户询问列表"，这样你就容易根据客户的问题来判断，目前他可能处于哪个阶段。

下面的这个客户询问列表是我为一个教育机构所设计的，其目的是通过学员咨询的问题，判断客户的心理状态和兴趣程度（见表 17-1）。供你参考。

表 17-1　客户询问列表示例

| 概率 | 里程碑 | 阶段描述 | 学员咨询的问题举例 | 招生顾问的销售行为建议 |
|---|---|---|---|---|
| 25% | 表达需求 | 学习欲望不高、没有下定决心 | • 我想咨询一下，像我这样的情况能学习吗<br>• 我想学习，但我又担心坚持不下去，你说我行吗<br>• 我就是随便咨询一下（这种情况不排除学员在咨询后，已经做出了选择竞争对手的决定） | • 通过寻找客户的痛点来激发其需求<br>• 通过成功故事给予信心<br>• 引导学员认识到此时此刻学习的重要性 |
| | | 对从哪里学、学什么、怎么学不确定 | • A 学校和 B 学校有什么区别<br>• A 学校有什么优势<br>• A 学校是不是正规教育机构<br>• 你们的文凭和普通大学文凭有什么区别<br>• 你们的文凭国家承认吗<br>• 你们的通过率／教学环境／学习氛围如何 | • 涉及对 A 学校的询问，表明学员处于一个考察学校的阶段，在这种情况下，招生顾问需要通过反问、优势引导法、探询学员对学校的关心点等方法，建立自身的差异化优势 |
| | | | • 我想取得文凭，你们都有什么专业<br>• 自考、成人教育和网络教育有什么不同<br>• 自考毕业证能不能报考公务员／入户<br>• 自考是不是太难了<br>• 我更适合学习什么专业 | • 学员咨询学习形式、专业等，表明对方开始寻找适合自己的专业。对于招生顾问来讲，最重要的是探询学习动机，帮助学员分析其自身的情况、学习需求：学习动机等，为对方提供合适的解决方案 |
| 25% | 表达需求 | 专业已经确定 | • 供应链管理和物流管理有什么不同<br>• 这个专业读几年<br>• 最快可以多久毕业<br>• 这个专业都在哪里有教学点<br>• 这个专业的上课时间<br>• 哪些大学开设这个专业<br>• 这个专业的授课老师是谁<br>• 课程如何设置 | • 这种类型的学员基本上已经确定了专业，可能已经做出了选择，也可能是在比较中。对于招生顾问来讲，最重要的是深入挖掘对方学习的动机及选择该专业的动机，然后通过优势引导法，建立自身的差异化优势；同时，通过反问等提问技巧，深入了解对方的具体需求 |

（续表）

| 概率 | 里程碑 | 阶段描述 | 学员咨询的问题举例 | 招生顾问的销售行为建议 |
|---|---|---|---|---|
| 50% | 认可 A 学校和专业 | 学员明确表示认可 A 学校，并确定了所选择的专业 | • 学校地点有些远<br>• 我想报读这个专业，但英语基础不好怎么办<br>• 网络教育不好，文凭含金量不高<br>• 时间太久了，有没有再短一些的<br>• 我工作太忙了，想了想还是不考了<br>• 我对于自考还是成人教育还没有确定<br>• 我要选择的专业你们没有<br>• 这两个专业我还没有确定选择哪一个 | • 这个阶段一方面是通过 EFABC 法则，强化 A 学校及相关专业对学员的利益点<br>• 另一方面，处于这个阶段的学员的基本心理活动是初步选择了 A 学校的相关专业，但还处于摇摆不定中。对于招生顾问来讲，要针对性地处理对方的顾虑。<br>• 尽可能引导对方走向下一步 |
| 75% | 认可价格 | 学员已经认同价格 | • 学费是多少<br>• 学费能不能优惠一些<br>• 价格比 B 学校贵<br>• 分期付款行不行<br>• 什么时候交钱／怎么付款<br>• 有没有发票<br>• 付了款如果没有按时开课，可不可以退款 | • 这个阶段的学员已经接受了 A 学校的相关专业，开始关心学费的问题。对于招生顾问来讲，最重要的是要建立自己的优势，同时让学员认识到"多花钱"的价值，总之，双方要在价值方面达成共识，不要轻易谈优惠和促销 |
| 90% | 认可时间 | 学员口头承诺报名 | • 报名什么时候截止<br>• 报名要带什么材料<br>• 什么时候开课<br>• 开课前报名行吗<br>• 可以预留名额吗<br>• 你们不能确定具体开课时间，我再等等吧<br>• 到你们学校坐什么车<br>• 什么时候开学<br>• 最迟什么时候交钱 | • 学员在这个阶段基本上已经做好了报名的准备，对于招生顾问来讲，要处理最后的拖延并及时要承诺 |
| 100% | 合作学员 | 报名交钱 | • 我这周六去报名<br>• 我去先试听 | • 这个阶段招生顾问要避免对方的悔单，适当运用"感谢、信任和下一步计划"来提高对方的到场率 |

# 识别客户的 9 类购买信号

前面我讲的是电话销售人员判断客户心理的通用做法。接下来，我将介绍一个非常关键的问题：识别客户的购买信号。识别购买信号也属于判断客户心理的一种做法，但因为涉及关键的成交环节，我单独列出来和你交流。

## 什么是购买信号

所谓购买信号，是指当客户有需求、认可你的产品、内心做出购买决定，或者在购买与不购买之间摇摆的时候，他所传递出来的外部沟通行为。

内心世界不可捉摸，但外在行为可以通过倾听和观察进行识别。你能识别"购买信号"就意味着，你能通过客户外在的沟通行为来判断客户的内心是否已经做出购买决定。

当然，"购买信号"不仅限于"成交"这个环节，它还包括任何客户期望和你走向下一步的暗示、行为。只不过，这时候客户付出的，还不是金钱，而是时间和精力。

你千万不要小看购买信号。电话销售的特点决定了大部分产品的销售决策都属于快速决策、感性决策。客户在决定的那一刻是期望与你合作的，但很可能下一秒就改变主意了。你必须把握住这个机会，否则，失不再来。

那么，客户的哪些沟通行为代表其内心已经决定购买了呢？一般来讲，以下 9 种类型的关键行为，你必须引起足够的重视：

1. 客户不断追问产品的各种细节问题；

2. 客户针对特定问题不断求证；

3. 客户询问购买手续 / 合作流程；

4. 客户询问与使用方法相关的问题；

5. 客户询问与售后服务相关的问题；

6. 客户询问与钱、支付有关的细节；

7. 客户自言自语进行计算；

8. 客户明确表达认同和喜爱；

9. 回答完客户最后的顾虑和问题后，客户认同或沉默。

## 1. 客户不断追问产品的各种细节问题

一般情况下，客户询问的内容越详细，说明其对方案、产品或项目的关心程度越高，也越说明客户对你的认可度越高，购买的倾向性越明显。当然，也有可能客户倾向于你的竞争对手，详细的询问，是在将你和你的竞争对手做比较。但不管怎样，这都是好消息，至少表明你在客户考虑的范围内。

以快餐加盟为例，客户不断追问以下问题代表其有购买意向。

● 餐饮设备是你们提供还是我们自己买？

● 必须通过你们购买还是自己买？

● 食材是不是统一配送？

## 2. 客户针对特定问题不断求证

如果你已经解释了客户的一个问题，在接下来的沟通中，客户再次提出并期望能和你再次确认。

以在线教育为例，客户问道："具体上课的老师是不是都可以通过网站查询到？"

这个问题之前你已经给过明确的回复，但客户再次提及。这说明客户很关心上述问题，再次确认也许是合作前的最后确认。当然，也不排除客户内心有顾虑，此时你需要挖掘客户的真实顾虑。

当客户出现这些行为时说明他对你的倾向性很强，甚至已经决定与你合作。

### 3. 客户询问购买手续 / 合作流程

询问购买手续与合作流程是典型的购买信号。也许客户想马上和你签协议，也许是客户在根据你的流程，安排自己的计划。客户问到以下问题，你一定要重视。

- 下一步怎么办？
- 合作流程是怎样的？
- 需要我做什么工作？
- 去哪里考察？

### 4. 客户询问与使用方法相关的问题

客户询问和自己使用场景有关的问题，说明其已经在思考购买产品后的情形了。例如，客户询问以下问题。

- 怎么使用？有培训吗？
- 使用中遇到问题找谁咨询？
- 定价是多少？谁来负责推广？
- 装修的问题怎么解决 / 食材怎么解决 / 人员招聘培训怎么解决？

### 5. 客户询问与售后服务相关的问题

客户询问诸如送货时间、保修条款、售后联系方式、技术支持等与售后服务相关的问题，说明客户已经在思考购买后的细节了。典型问题如下。

- 你们送货上门吗？负责安装吗？
- 保修期有多久？使用中遇到问题找谁咨询？
- 这些工作都是由售后人员负责吗？

### 6. 客户询问与钱、支付有关的细节

客户询问诸如怎么支付、付款方式、发票类型等与成交有关的细节，说明其已经在思考支付的细节了。典型问题如下。

- 怎么收费？怎么扣费？如果做代理，有什么政策？
- 怎么支付？开发票吗？开什么发票？
- 合同可以邮寄吗？

### 7. 客户自言自语进行计算

你报过价后，客户开始自言自语计算投入、成本和收益。

### 8. 客户明确表达认同和喜爱

客户用明确的、肯定的语气，表达对电话销售人员、产品或公司的认同。举例如下。

- 我一直在找这样的产品，总算是找到了。
- 你们的服务真不错，你的业务能力很强。
- 我尝过你们的产品，真是不错。
- 我考察过周边的项目，生意还不错，挺火爆。
- 在帮助选址方面，你们做得真是不错，指导性强。
- 你老家在哪里啊？

### 9. 回答完客户最后的顾虑和问题后，客户认同或沉默

在你解释完客户的顾虑和问题后，一般你需要用确认得到反馈的方法，来得到客户真实的反馈。当你这样做的时候，客户用肯定的语气表示认同，或者沉默。

对于沉默的客户来说，你需要更积极一些。

再次强调一点，机会来临的时候，稍纵即逝，你一定要把握住。

**有时候你需要主动引导客户产生某些行为**

如果你觉得客户已经到了这个环节，但客户并没有主动询问合作细节，你可以主动引导客户讨论这些细节。例如，你可以主动引导客户讨论付款流程，或者主动引导客户看协议细节。举例如下。

● 既然方案没有问题了，我接下来向您介绍一下我们的合作流程，好吗？

● 产品确实挺适合您，关于付款，我给您解释一下，如何？

● 感谢您对项目的认可，接下来，关于合作的商务细节，如流程、付款等问题，您有什么关心的？

如果客户不反对，你就可以引导客户继续谈下去；如果客户反对，你也可以知道客户的态度。

---

**测试**

今日头条的一位客户在和今日头条的销售顾问沟通的过程中，问了以下问题。请问这些问题中，哪些属于购买信号？

● 如何传递给精准客户？

● 广告位是图片还是文字？

● 链接进去就是表单页面吗？

● 表单页面是我们自己设计还是你们设计？

● 能针对特定的城市进行设定吗？

● 怎么扣费？

● 平均每次点击要多少钱？

● 从点击到留号码的转化率大概是多少？

● 第一次需要充值多少钱？

● 签订合同后多长时间能上线？

● 能同时进行多个营销计划吗？

---

# 第18章 如何快速推进，缩短成交周期

电话销售人员的心中往往都有一个痛：成交周期太长。

成交周期是从接触客户到成交的平均天数。成交周期反映了电话销售人员的整体销售能力。如果把成交周期比喻成资金周转速度，资金周转速度越高，说明同样金额的资金，在一个时间段内带来的回报越高。成交周期也一样，成交周期越短，你在一个时间段内带来的回报就越高。

对于电话销售人员来讲，其所投入的不是金钱，而是时间和精力。成交周期越短，自然回报率也越高。

首先，你必须重视成交周期。你需要思考以下两点。

● *如果你的客户成交周期普遍偏长，每一个客户都耗费你大量的时间和精力才能成交，而且，成交周期越长，不确定性就越大，客户流失率也会越高。这样对你的转化率和收入有什么影响？*
● *如果你的客户成交周期相对缩小，对你的转化率和收入又会有什么帮助？*

我带你先看一个我自己经历的案例。

我和客户的第一次沟通的目的是安排相关业务负责人进行有关深度需求的沟通。结束的时候，我和对方达成的共识是：他和内部协商，再确定深度沟通的时间。结果过了3周都没有答复。期间我们通过微信互动过几次，但客户以业务部门的时间不好确定为理由，直到3周后，才确定了和业务部门深度沟通的时间。

根据标准的销售流程，此次需求沟通结束后，我需要为客户设计项目方案，并约具体沟通项目方案的时间。但我知道，客户的业务部门很忙，同时因为涉及多业务部门，协调沟通时间也不容易。快速推进到方案讨论阶段并快速确定方案，对缩短成交周期有很大的影响。经过仔细思考，我

做了以下两件事情。

第一，根据我和培训经理谈的初步需求，以及结合我过去对行业、对他们的电话销售模式及业务部门可能会关注的问题、期望的结果（这些都需要经验的支持），先为客户设计了两个执行方案。如果他们的需求和我预估的类似，两个方案中一定有一个比较贴切他们的需求，我就可以直接借助此次会议沟通的项目方案。这样一方面加快进程，另一方面也节省客户的时间，为客户创造了价值。毕竟，客户更关心的是解决问题的建议。如果客户业务部门的需求和我预估的差异很大，我再根据沟通的情况决定是否需要我将话题引入到谈方案。

第二，我将此次沟通的目标设定为：直接确定下一步讨论方案的时间。一方面因为业务部门的人都在现场，直接确定比再由培训经理协调，速度更快。而且，这样做也帮助培训经理减少了协调沟通的时间，也是节省客户的时间。

这次需求沟通的过程非常顺利，大家谈了他们目前面临的电话销售转化率提升方面的问题、需求、期望和目标，也提了一些他们的困惑。我借助对他们困惑的回答，建立了我的专业影响力，得到了他们的认同。同时，我也结合他们的需求和目标和他们初步探讨了项目的执行思路。在这个过程中，客户对方案提出困惑和疑问的同时，也对方案提供了修改建议。

结合这个案例，请你回答以下两个问题：

● 为什么从初次沟通到第二次沟通，中间间隔了 3 周？
● 为什么第二次沟通到第三次沟通，间隔很短？

快速推进，缩短成交周期，你需要理解并实践：

● 2 种承诺类型；
● 快速推进的 3 个原则。

## 2 种承诺类型

客户的承诺一般包含购买承诺和非购买承诺。购买承诺是在一系列的非购买承诺的基础上实现的。

非购买承诺是指电话销售人员从接触客户到成交，客户做出的走到下一步的关键承诺，这些承诺和销售里程碑有很大的关系。非购买承诺可能包括：

- 回答你的提问；
- 同意添加微信；
- 同意安排下次沟通的具体时间；
- 完成你建议的考察或相关工作；
- 同意见面并确定具体时间；
- 同意把你介绍给上级或其他相关同事；
- 同意安排需求调研并协助完成调研；
- 同意进行方案讨论、确定具体时间并执行；
- 同意向公司申请预算并执行；
- 确定考察的具体时间等等。

购买承诺一般指与客户购买有关的具体承诺，包括口头承诺、书面承诺。一般包括：

- 答应支付并完成支付；
- 确定项目执行的具体时间并按照计划执行；
- 确定合同签订的时间并签字；
- 确定付款的时间并付款。

你所期望的购买承诺是在一系列非购买承诺的基础上实现的。假设你在 A 点接触客户，在 D 点成交，从 A 到 D 必须经历 B、C 两点。那么，为了缩短成交周期，你必须先缩短从 A 到 B 和从 B 到 C 的非购买承诺的时间，这样才有可能缩短最终的购买承诺，即从 C 到 D 的时间。

你不太可能从 A 直接到 D；同时，很多电话销售人员有意识去解决从 C 到 D 的各种问题，但却往往缺乏意识去解决从 A 到 B、从 B 到 C 这些获得非购买承诺过程中所遇到的问题。

关于这一点，我接下来介绍快速推进的 3 个原则。

## 快速推进的 3 个原则

缩短成交周期，要承诺，你需要遵循以下 3 个原则：

1. 围绕销售里程碑，能快则不慢；
2. 每次沟通都要得到具体承诺；
3. 为得到具体承诺做好充分准备。

### 1. 围绕销售里程碑，能快则不慢

关于销售里程碑，有 4 个关键认同：认同个人、认同品牌 / 方案 / 项目 / 产品、认同价格、认同时间。围绕销售里程碑要承诺，就是要将客户从这个里程碑推进到下一个里程碑，能快则不慢。当然，欲速则不达，最终决定推进速度的，还是客户对你的信任程度。

例如，你在与客户进行第一次深度沟通后，下列 3 种方法有助于推进到下一步沟通：

● 先走商务流程再进行调研；

● 商务流程和调研同步进行；

● 先进行调研再走商务流程。

在这 3 种方法中，从推进成交进度来讲，最快速的是第一种，却对信任度要求最高，因为你还没有给出具体的方案，缺乏高度信任，执行起来

很难。

因为第一种最高效、信任度最高，我现在与客户合作，一般会按照第一种方式。而第一种方式，其实也是对客户负责任，是一种双赢的选择。我们这个行业，客户选择的是可以为其业绩增长提供帮助的长期合作伙伴，没有足够的信任就难以获得双方期待的结果。

在这个过程中，你也许需要重新设计销售流程。例如，我首选第一种合作流程，我就必须解决信任度的问题。你正在看的这本书、听的线上点播课程、直播课程、讲师认证班、说话技巧设计班等，都是我建立信任的方法。换句话讲，在推进项目的时候，足够的信任已经建立起来了。

再举个例子。在客户迟迟不做决策的情况下，很多电话销售人员要么被动等待客户，要么用促销政策催促客户下决定。前者太慢，后者可能太快，正确的做法是再推进一点。例如，询问客户以下问题。

- 是否可以为您介绍一下合作流程？
- 是否可以将订单发给您？
- 您是否可以了解一下合作细节？
- 我是否可以为您介绍一下付款方式？

这样，当客户了解合作细节后，只要客户做出决策，就可以马上付款，而不是等到客户做决策了，再询问这些细节，也许到时候又节外生枝。

## 2. 每次沟通都要得到具体承诺

什么是具体承诺？具体承诺就是，客户明确答应的、在某个时间会去做的事情，以及双方的下一步计划。具体承诺包含了 3 个要素：谁？什么时候？做什么？举例如下。

- 客户在周三之前和家人确定，本周末是否可以来考察，以及来的具体时间。
- 约定明天晚上 8 点试听课，明天晚上 7：30，介绍预习流程。
- 今天晚上客户会了解项目，明天中午 12 点再沟通一些关注点。

请你思考一个问题：你每次和客户沟通后得到的承诺一般是具体承诺还是非具体承诺？80%以上的电话销售人员可能得到的是非具体承诺。举例如下。

- 行，到时候我再和您联系。
- 行，您先考虑一下，我过几天再联系您。
- 我加您微信，您先了解一下，有机会我们再沟通。

你的成交周期长，在很大程度上是因为你的每次沟通没有得到具体的承诺。为什么一定要得到具体的承诺？

一方面，因为具体的承诺才能推进销售进程；另一方面，缺乏具体承诺往往会导致客户缺乏行动压力和行动方向。承诺才能带来行动，当你得到具体承诺的时候，客户履行自己承诺的概率会大增。

你为什么得不到具体承诺？很大原因是因为你没有为得到具体承诺做好充分的准备。

### 3. 为得到具体承诺做好充分准备

购买承诺，是在一系列的非购买承诺的基础上得到的。为了得到非购买承诺，你同样需要解决阻碍你得到非购买承诺的各种问题、顾虑和犹豫不决。

关于沟通前的准备，我强调过：你必须清楚你每次沟通期望得到的承诺是什么，以及你会遇到哪些困难。过去20年，我发现很多电话销售人员为了得到购买承诺而充分准备，但却忽视在获得非购买承诺的时候，可能遇到的各种问题。在之前的章节里，我介绍过在不同阶段你会遇到的困难，期望你为这些困难做好充足的预案和充分的准备。

每一次的沟通，都是"抓、挖、谈、要"的过程；

每一个阶段的沟通，都是"抓、挖、谈、要"的过程；

每一个里程碑的推进，都是"抓、挖、谈、要"的过程。

# 第19章 如何轻松地和客户达成共识

电话销售人员心中都有一个痛：问客户要了承诺，结果客户却无动于衷。销售进程停滞不前，成交周期很长。

之前我介绍了缩短成交周期，你必须把握购买信号，获得下一步的具体承诺。但如何获得下一步的具体承诺才能打动客户？

餐饮行业一位招商顾问问了我一个问题："在沟通的过程中，我从专业角度，给了客户很多好的建议，并对客户的投资回报进行了分析，客户很认同。但总是不能推动到邀约和成交环节。什么原因？怎么办？"

这里我先对这位客户的心理状态做一个假设：客户已经走过了认同个人、认同方案和产品、认同价格阶段，那么接下来就是认同时间。

- 客户认同你个人就是接纳你并建立了初步信任，愿意和你分享他的信息和需求。
- 客户认同产品就是初步信任你的公司、方案和产品，觉得你们可以合作，至少你的公司是备选方案之一。
- 客户认同价格就是价格和付款方式在可接受范围，客户没有特别的异议。

如果客户内心已经完成了上述3个心理认同，接下来，最重要的是认同时间，也就是客户决定什么时候和你走到下一步、什么时候购买和展开合作。认同时间是客户从一个阶段走到下一个阶段，最后的一个关键决定，也是客户下定决心的一个决定。无论前面你做得如何出色，但最后客户缺乏决心，成交就仅仅是你的一厢情愿。我自己也遇到过很多客户走到这一步的时候，却止步不前。

回到刚才的场景。你为客户付出了这么多，但为什么客户最后没有踏出这关键的一步？原因可能有很多，举例如下。

- 客户理性需求的急迫度还不够。
- 客户对你的信任度还不够。
- 客户对产品和方案还不是很认可。
- 客户还有顾虑没有得以解决。
- 客户对价值回报还不是很认可。
- 你塑造的价值还不足以打动客户。
- 你错过了最佳的要承诺的时机。

假如以上都没有问题，那么一定和你要承诺的方法不当有关。

下面两种方法中，你觉得能打动客户的是哪一个？

- 您看这个周末哪个时间方便？周六还是周日？
- 这个周末不仅有参观考察活动，还可以旅游观光，同时还有免费的自助午餐，您看您是自己过来还是和家人一起来看看呢？

在正常情况下，你一定会选择第二个。

我再举一个案例。客户在做软件版本的选择。

客户：小王，这两个版本，你觉得哪个版本更适合我？

电话销售人员：这两种都适合，二者各有特色，您说哪个就哪个。

客户：好，那我再考虑下。

在上述对话中，你觉得销售顾问的问题出在哪里？其为什么没有得到客户的承诺？

核心原因都和要承诺的方法有关。在谈要承诺的具体方法之前，我要再次强调，你必须充分重视以下两个问题。

- 经过长途跋涉，你和客户快到目的地了，在最后的关键时刻，如果你不能打动客户，可能会让你前期投入的时间和精力白白浪费，这对你的转化率和收入有什么影响？

● 在紧要关头，如果客户能和你一起前行，对你的转化率和收入会有
什么帮助？

## 9 种关键的方法

获得客户承诺，双方就下一步达成共识，你可以使用以下 9 种关键的
方法：

　　1. 好处请求法；

　　2. 从大到小法；

　　3. 从小到大法；

　　4. 假设成交法；

　　5. 二者选一法；

　　6. 非常简单法；

　　7. 稀缺热销法；

　　8. 美好感觉法；

　　9. 愉悦氛围法。

应用这 9 个方法的前提是你识别到了 "购买信号"。如果没有 "购买
信号"，你使用这些方法要承诺是不会奏效的。另外，这些方法既适合你
从客户那里得到购买承诺，也适合你从客户那里得到非购买承诺。

### 1. 好处请求法

好处请求法是最朴素、最简单、最有效的获得承诺的方法，也是我认
为最能打动客户的方法。好处请求法是指无论你期望客户答应你什么，一
定要站在客户角度，想想他这样做对他的帮助有哪些，为什么他要这样
做。换句话说，你要给客户提供充足的好处和理由，来支持客户采取你所
期望的行动。

我在第一部分介绍过，沟通前要做的关键准备之一就是：你期望客户答应你什么？对方为什么要答应你？二者前后呼应。沟通前你要准备好支持客户行动的理由和好处，沟通中你要将你准备好的理由和好处讲出来，让客户理解和接受。举例如下。

- 您早点考察，就可以早点把握机会，享受现在的各种优惠。您安排一下时间，尽快过来吧。您看呢？
- 为了后续沟通更加顺畅，避免不必要的打扰，我是否可以加您微信？
- 根据您的情况和需求，我给您的建议是做硬件升级而不是购买一台新机器，这么做的原因有两个：（1）升级后的配置完全可以满足您的使用需求，和新机器没有任何区别；（2）您还可以省下1 000元左右。您看，帮您办理硬件升级，如何？

无论你期望客户采取的是非购买承诺，如帮你推荐客户、把你介绍给相关同事、安排你和领导沟通等；还是购买承诺，如签订协议、支付款项等，客户一定会想一个问题：我为什么要这样做？你必须给客户足够多的、更充足的理由和好处，来促使客户主动和你走到下一步。

我要强调一点：运用这个方法的时候尽量不要使用促销政策。

## 2. 从大到小法

从大到小法就是电话销售人员在要承诺的时候，先要一个大的承诺，在被客户拒绝后，退而求其次，要一个小的承诺。这和孔子教导我们的是一个道理："取乎其上，得乎其中；取乎其中，得乎其下；取乎其下，则无所得矣。"

例如，无论是SAAS软件也好，还是在线教育也好，很多都是按年付费的。谈到付费，你一定要给客户一个印象：产品是按照3年付费。谈到3年付费，你自然可以有很多理由，来支持你为什么一次要收3年的费用。如果3年付费有难度，你还有机会改成2年、1年，但如果你一开始就说是 1 年，客户可能希望按月付费。

机器的延保也是一个道理，电话销售人员要承诺的时候，至少要 3 年，得不到再退回 1 年；让客户预约领导也一样，电话销售人员先要求客户约决策者，约不到再退回到相关人员；邀请客户来公司考察，电话销售人员可以先邀请客户和合伙人 / 家人一起过来，这是一个大承诺，约不到再退一步；对于加盟行业来说，电话销售人员可以先建议客户做代理，无法实现再改为单店加盟。

为什么很多时候从大到小法会奏效？因为它借助了人类的内疚补偿心理。客户拒绝了你的某一项请求，很可能会通过答应你的另一个请求，而获得自己内心的平和，尤其是当你和客户建立了信任、你为他付出了很多的时候，更是这样。

这就是从大到小法，要承诺的时候，期望大的并从大的承诺开始要，被客户拒绝后，再要一个小的承诺。

### 3. 从小到大法

从小到大法就是要承诺的时候，依据你与客户的信任程度，循序渐进，从最简单、客户最容易答应的小承诺开始，逐步加大、加深你期望的承诺。

这种方法特别适合当你与客户的信任度还不够高的时候，即使你想要大的承诺，客户也不会给，反而会增加客户的抗拒心理，事与愿违。

这种方法有如下 3 个应用场景：

（1）根据销售流程，循序渐进要承诺；

（2）根据产品数量或单价，循序渐进要承诺；

（3）根据订单处理流程，从小到大要承诺。

#### （1）根据销售流程，循序渐进要承诺

以在线教育为例。很多在线教育的销售顾问一开始就要为客户安排试听课程，确认客户的试听时间。对于还没有对销售顾问建立起足够高的信

任度的客户来说，你不能太快地要承诺，你可以先从最简单的承诺开始。例如，可否请问您一个问题？孩子的学习情况如何？等等，通过这些客户容易回答的问题，逐步消除客户的戒备心理，再过渡到试听课程。

### （2）根据产品数量或单价，循序渐进要承诺

举个例子，客户希望安排同事参加我的公开课，如果客户对我的信任度高，我会采取从大到小法，要求客户多安排一些人过来。但如果客户对我的信任度还不是很高，如初次接触的客户，我就采取从小到大法来要承诺。例如，我这样对客户讲："您第一次安排同事参加我的课程，我建议您可以先安排少一点人过来体验一下，看看我们双方的匹配程度，毕竟您期望的是长期合作。您的建议呢？"

通过这种做法，客户并不会觉得我是在强迫对方购买课程，而是站在他的角度考虑问题，这样做进一步强化了我与客户的信任关系。

### （3）根据订单处理流程，从小到大要承诺

家电维修、手机维修、家庭服务、实体产品等，这类电话销售往往需要确认4个环节：预约时间、地址、联系方式、支付方式。

当你要承诺的时候，如果从支付方式开始，客户的压力就比较大，因为支付是一个大的承诺。但如果你从时间开始，或者从确认客户的来电号码开始，相对就容易很多，最后再谈支付。这是从小到大要承诺的典型应用。

当你和客户的信任度还不够高的情况下，你可以循序渐进，从最简单的信息、客户最容易答应的小承诺开始，逐步加大、加深你期望的承诺，这就是简单而重要的要承诺的方法：从小到大法。

### 4. 假设成交法

假设成交法就是在购买信号出现的时候，你基于客户已经做出了购买决定的假设，主动带领客户走向购买流程，采取购买行动的一种要承诺方法。

以在线教育为例。你和客户已经沟通过几次，客户参加了体验课程并

表示认可。之前客户也问过很详细的信息，你判断客户已经决定与你合作，后来客户又问："还有优惠吗？"你做出解释："这是全国统一价，目前的政策已经是最优惠的了。"客户沉默，或者说："哦，这样啊。"

这个时候，你该怎么办？

（1）您看是否需要我帮您办理？

（2）您是报 1 年还是 3 年？

（3）您是不是对价格还不满意？

（4）您还有什么疑虑吗？

（5）您一般用微信付款还是支付宝？

在以上 5 个选项中，你会选择哪一个？我会选择（2）和（5），直接要承诺。

在类似场景下，你使用这种方法要承诺的时候，一定要避免问客户以下两种问题。

● 你是否需要我为您办理？

● 您还有其他问题吗？

这些问题往往会节外生枝，带出更多的问题。

也许你会说，客户心中可能真的有顾虑，例如在上述场景中，也许客户心中还没有接受价格。如果直接要承诺，即使客户口头答应了，在真正付款的时候也会遇到悔单的情况。很多客户总想把所有细节都考虑到，确认没有任何风险了才会做决策。但事实上，这是没有必要的，这类客户永远也做不了决策，你需要主动引导客户走向合作。

假设成交法的应用时机一般是你回答完客户的问题，或者解决完客户的疑虑后，就可以使用了。以下面的对话为例具体说明。

客户：价格还能再优惠一些吗？

电话销售人员：我理解您关心价格，您之前也提到过，目前我给您申请到的已经是全国最优惠的价格了，我向您保证，这绝对是最优惠的价格。您看为您办理 1 年还是 3 年？

客户：我觉得应该还可以再优惠一些吧？

电话销售人员：能优惠自然是好事情，我已经向公司提交 3 次申请了，最后一次还是领导特批的，这回真没有了。您看您需要普通发票还是专用发票？

综上所述，假设成交法就是在购买信号出现的时候，你假设客户已经做出了购买的决定，按照准备购买客户的标准，主动带领客户走向购买流程，采取购买行动的一种要承诺方法。

当然，如果时机未到，你这样做就不合适。

## 5. 二者选一法

二者选一法就是征询客户意见，从之前为客户推荐过的两个建议（方案、产品、合作时间、付款方式、付款时间等）中，让客户做出选择。二者选一法本质是对客户的尊重，有两种方法：（1）将选择权完全交给客户；（2）将选择权部分交给客户，适当引导客户的决策。

将选择权完全交给对方，就是在你的建议中，不带有任何个人的倾向性，充分尊重客户。例如下面对话。

电话销售人员：刚才和您解释过远程和上门，您看为您安排远程还是上门？

客户：那就选择远程。

电话销售人员：好的。支付方面，您选择微信还是支付宝？

上述方法比较适合具有决策能力的客户。

将选择权部分交给客户，适当引导客户的决策是指强调一个方案的优势，突出另一个方案的弱点，或者对另一个方案不做评价，从而引导客户的决策。在客户看来，这个决策是客户自己做出的，你充分尊重了他，但从另一个角度看，是你引导了客户的决策。例如下面的对话。

　　电话销售人员：刚才和您解释过远程和上门，远程更能节省您的时间，不用您背着电脑跑来跑去。您看为您安排远程还是上门？

　　客户：那就选择远程。

　　电话销售人员：好的。支付方面，您选择微信还是支付宝？

　　上述对话，也是将决策权交给客户的具体应用，但电话销售人员做了一定的引导。

　　关于二选一法，我再举一个重要的应用场景。

　　客户已经确定购买，但因为客户忙，始终没有做决策。你好不容易和客户通了电话，客户说："课程我确实会买，但最近实在太忙，要不再等几天。"

---

**测试**

　　假设有 3 种做法，你会怎么办？

- 行，我再等等您，您看我后天和您联系，是否合适？
- 优惠今天就截止了，您今天不办理，错过优惠太可惜了。要不今天就办理？
- 优惠今天就截止了，您今天不办理，明天就真的没有了，您今天办理省下来的钱，都可以买一部手机了。办理非常容易，您看，我今天为您办理，还是再等两天？

　　这 3 种做法里，哪个属于二选一？

---

　　综上所述，二者选一法就是征询客户意见，从之前为客户推荐过的两个方案中，让客户做出选择。

## 6. 非常简单法

非常简单法就是告诉客户，办理手续非常简单，不会花很长的时间。

有些客户的时间和精力有限，此时你需要帮助客户做减法。这个方法典型的应用是："支付非常简单，只需要我把链接发给您，您点开，简单操作3个步骤，快的话1分钟就可以了。您看支付宝和微信哪个更方便？"

## 7. 稀缺热销法

稀缺热销法就是运用你的稀缺资源塑造热销氛围，激发客户的决策渴望，让客户快速做出决定。这个方法的重点是"稀缺资源"，尤其是对客户有实际价值的"稀缺资源"，最常见的有名额稀缺、产品稀缺、时间稀缺。

- 名额稀缺，即数量有限，先到先得，满额即停止。
- 产品稀缺，有些行业的产品属性带有稀缺性，如房地产行业，特定户型、楼层、朝向，尤其是门牌号，都是唯一的。
- 时间稀缺，时间本身就是稀缺资源，也是被使用最多的稀缺资源。

很多电话销售人员有这样的困惑：当我把促销政策告诉客户的时候，大部分客户都无动于衷。我告诉客户如果不抓紧，优惠就没有了。客户说："没有就没有吧。"

使用稀缺热销法，你必须注意两个要点：（1）时机；（2）方法。

### （1）时机：什么时候用这个方法

在理想状态下，如果不借助这个方法就可以让客户决定购买，是最好的。这个时候，你的稀缺资源可以成为给客户的额外惊喜，提升客户满意度。以招商加盟行业为例，你可以帮助客户申请样板店体验，在客户不知道的情况下，客户和你签了协议、付了款。这个时候，你的样板店体验对客户就是一个大惊喜。以在线教育为例，你可以为客户申请额外送课程的名额，客户在不知情的情况下和你签了协议并付了款，这个时候，你的额外赠送就是一个大惊喜。

稀缺热销法的最佳使用时机是客户已经做出了购买决定，其决策的天平已经朝你倾斜，而且肯定会购买。大部分情况下，提出稀缺资源是为了帮助客户加快下定决心的速度，而不是帮助客户做出选择谁或不选择谁的决定。

有些电话销售人员只要客户提到价格高，就马上将优惠政策抛出来，此时并不是合适的时机。请记住，你的稀缺资源是有限的。

如果你想用这个方法，请你一定要问自己一个问题：当我的稀缺资源被抛出去的时候，客户会对这个稀缺资源有什么反应？能快速促进客户成交吗？如果不能，请慎用这个方法。

**（2）方法：如何使用这个方法**

既然是稀缺或热销，你给客户传递这个信息的时候，会以什么样的语气、语速和心情和客户讲？

我听到不少电话销售人员给客户传递促销政策的时候，语气平平淡淡，之前怎么沟通，现在还是怎么沟通，这就有问题了。既然是稀缺资源，又有那么好的政策，你的语气应该是急迫的、语速要比平时稍快、沟通时间要稍短，你需要把这种稀缺性和急迫性传递给客户。

下面是一位电话销售人员给客户讲促销的一段话，他用急迫的语气讲述了如下内容。

电话销售人员：抱歉打扰您，一件很急的事情，您一定要给我两分钟时间，两分钟就可以了。

客户：请讲。

电话销售人员：是关于前天跟您提到的优惠政策。刚刚接到公司通知，因为小长假即将到来，上次和您聊过的优惠政策，截止日期提前到了明天下午6点。我怕耽误您的事情，收到通知后我第一时间就跟您联系。

因为这个优惠力度特别大，也是借助小长假的一次促销，过了小长假就没有了，错过非常可惜。咱们合作的事情既然都已经定了，您可一定要抓住这个机会。我现在就帮您走一下流程吧！

客户：嗯，好的。

在运用稀缺热销法的时候，你一定要融入自己的情感。

- 讲优惠政策的时候，可以用急迫的语气、惊喜的语气、自信的语气，将急迫这一情绪传递给客户并感染客户。
- 客户无动于衷，或者不想抓住这个机会的时候，要用焦急的语气做挽留。

总之，你运用稀缺热销法的时候，一定要融入情感，创造稀缺和热销的氛围，借此感染客户。

## 8. 美好感觉法

美好感觉法就是激发客户的想象力，给客户创造一种使用你产品时的场景，并产生美好感觉。简单来讲，当客户想到与你合作的场景时，想到购买产品并使用产品的时候，客户是痛苦还是快乐？是疲惫不堪还是精力充沛？是复杂费力还是简单轻松？

想想你最近购买的一些产品或服务。在购买做决定的那一刹那，你头脑中想的是什么？当你做决策的时候，你一定会感到快乐、美妙、轻松、愉悦、舒畅、兴奋，换句话说，是这些美好的体验促使你做出购买决定的。

通过理性的分析和感性的决策，借助美好感觉法，激发客户的想象力，为客户创造美好体验，从而促使客户下定决心。

例如，餐饮加盟的销售顾问可以告诉客户："您想象一下，未来两个月，您的店已经开始营业，营业第一个月就开始盈利了；您想象一下，每天外卖订单很多，堂食客户排队入座，店里上上下下忙不过来，您能想象得到吗？您的感觉是什么？您还不赶紧行动起来？"

例如，在线教育行业的销售顾问可以告诉客户："您可以想象一下，未来 1 个月内经过每周 2~3 次的学习，孩子的英语口语水平、月考成绩，都有了明显的提升，而且您每天也轻松很多，这不就是您期望的吗？您能想象到吧？您真的需要让孩子快速开始学习，我带您走程序吧。"

这就是美好感觉法，通过激发客户的想象力，让客户一想到与合作，想到购买和使用你的产品时，就能体验到那种美好的感觉，激发客户的购买渴望。

### 9. 愉悦氛围法

愉悦氛围法就是在成交的时刻，创造更融洽的沟通氛围，让客户处于一种相对放松的状态，从而获得客户承诺的方法。

相对于严肃、冷漠的氛围，愉悦的氛围更容易让客户做出购买决定，因为当客户处于相对放松的状态时，更容易给出你想要的承诺。

# 第 20 章　如何推动犹豫不决的客户做决定

如果让电话销售人把他的痛排序，这一章谈的痛一定会名列前茅，这个痛就是：客户犹豫不决，迟迟不做决定。"考虑考虑，再联系""还需要再和家人商量商量""时机还不是很合适，再等等"成了这类客户的口头语。

我们来看一个招商加盟的案例。

电话销售人员在介绍完项目后，客户问得很详细，经过仔细解释、深度沟通，客户对项目、产品、加盟费等都能接受，但当电话销售人员确定邀约考察的具体时间时，客户说："我考虑考虑，和家人商量一下，再联系你。"

请问，这个时候，你该怎么办？

在谈具体解决问题的方法前，请你充分重视以下两个问题。

- 如果这个问题不解决，大部分的客户都堆积在迟迟不行动的这个环节，你的成交周期越来越长，对你的转化率和收入有什么影响？
- 如果这个场景下的客户，相当一部分可以立刻行动，那么，这对你的转化率和收入的提高会有什么帮助？

若想推动犹豫不决的客户立刻行动，你需要理解并掌握以下 4 点：

- 深刻理解客户的心理；
- 避免使用错误的处理方法；
- 应对犹豫不决的客户的 4 个关键步骤；
- 避免客户悔单的 4 种方法。

电话销售人员的价值之一就在于帮助客户养成正确的决策习惯，克服决策时的犹豫不决和恐惧心理。

## 深刻理解客户的心理

要推动客户行动，先要理解客户的心理状态。犹豫不决是指客户经过前期深入了解，已经认可了你的品牌、项目、价格等，可以立即决策，但迟迟不决策的一种心理状态。

犹豫不决的客户最常说的话有"我再看看""我再考虑考虑""我再联系你""我们商量下""时机不成熟"，等等。

### "考虑考虑"背后的 3 种心理状态

客户所说"我考虑考虑，内部商量一下"时的心理状态有以下 3 种（见表 20-1）。

表 20-1　客户说"我再考虑一下"时的心理状态

| 心理状态 | 解释 |
| --- | --- |
| 敷衍 | 敷衍是指没有需求、不感兴趣。客户不想直接拒绝你，用"考虑考虑"作为借口，其实是一种拒绝 |
| 顾虑 | 顾虑是指客户还有疑虑，有些问题还不确定、不了解、不相信，或是在规避风险 |
| 犹豫 | 犹豫是指所有的问题都已经解决，对于客户来讲，现在购买和未来购买基本是一样的。但可能出于需求的急迫性不够，客户看不出现在决策和未来决策的差异；或者，即使有差异，这种差异对客户影响也不大；抑或是即使影响大，出于习惯性惰性，客户也不想做决定 |

## 避免使用错误的处理方法

请你回答一个问题：既然"考虑考虑"的背后有 3 种心理状态，那么，在应对客户提出"考虑考虑"的时候，电话销售人员应该采取什么样的应对方式呢？

大多数电话销售人员的做法都是错误的。举例如下。

1. 行，您考虑一下，有需要再和我联系。

2. 行，您考虑一下。您看下午几点可以和您沟通？

3. 我了解您的想法了，您还在考虑什么呢？

4. 是不是我还有什么地方没有解释清楚？

你可能会选择 2、3、4，而这也是大部分电话销售人员在客户说"考虑考虑"时的典型反应。

如果你选择的是 2、3、4 的其中一种，也就意味着你尝试去和客户互动，想去了解客户的更多想法。你的出发点是好的，但你回想一下，当你这样做的时候，客户的反应是什么样的？

我想客户很可能会这么回应："也没什么，再说吧。"

为什么客户会敷衍你、抗拒你？因为你和客户之间缺乏信任（这种信任可能是对人的不接纳，也可能是因为你提供的好处还不够吸引人），事实上当大部分客户告诉你"考虑考虑"而不直接告诉你他的顾虑和担心的时候，就已经表明了他们对你的信任度还不够高。如果是信任你的客户，也许他会直接表明他的真实想法。

我建议从两个方面着手解决这个问题：（1）强化客户对个人的接纳；（2）给予客户更多的好处。在刚才的场景中，也许你是这样解决的："我了解，感谢您过去两个星期的沟通。经过前面的沟通，您也了解到，我们合作，每年至少能给您带来 50 万元的收益。另外，还有一点我没有提到，本来是想您来了以后给您一个惊喜，我看我现在就需要告诉您了。您上次提到保证金，对吧？我已经帮您申请到了免保证金加盟，也就是我们合作，不再需要您支付保证金，这个名额都是针对特定重要的加盟商推出来的政策，也是我好不容易为您争取到的，您错过真的好可惜。机会难得，您看这周末您就带夫人一起过来考察，顺便将这个名额保留下来如何？我帮您预留吧？"

我们接下来看应对犹豫不决的客户的 4 个关键步骤。

## 应对犹豫不决的客户的 4 个关键步骤

客户的犹豫不决和价值塑造不到位及紧迫度塑造不到位，有很大关系。面对犹豫不决的客户，你可以用以下 4 个关键步骤来继续塑造价值：

1. 取得好感，建立信任；
2. 再次总结好处 / 强化利益；
3. 凸显急迫性 / 抛出新的吸引点或卖点；
4. 果断要承诺。

借助上述 4 个关键步骤，你能达到以下 3 个目的：

1. 让本来决定与你合作的客户下定决心；
2. 让本来摇摆不定的客户朝你倾斜；
3. 让本来不倾向你的客户变成摇摆不定的客户。

### 1. 取得好感，建立信任

从电话沟通的角度出发，为了获得客户的好感，你可以通过同理心、感谢、致歉等方法，建立融洽的沟通氛围；从持续跟进客户的角度出发，你需要持续建立信任、塑造价值。

这一步非常重要，如果你在这个环节引起了客户的抗拒，那么你很难推进到下一步。

### 2. 再次总结好处 / 强化利益

再次总结好处是让客户意识到购买你的产品能为他带来哪些好处，起到吸引客户的作用。前文提到客户有 3 种心理状态。如果客户犹豫不决，通过吸引进一步加强客户对你的倾斜；如果客户是顾虑和摇摆不定的，通过吸引客户，期望客户可以朝你倾斜；如果客户是敷衍和抗拒的，通过吸引客户，期望客户可以转向摇摆不定。

### 3. 凸显急迫性 / 抛出新的吸引点或卖点

你必须问问自己："客户现在做决定和以后做决定，有什么不同？"你必须有更充足的理由，让客户意识到，现在就是他要做出决策的最佳时机。

对于很多产品和服务，客户认为未来买和现在买没什么区别。例如，电脑延长报修、SAAS 软件续费、车险续费等。为了让客户在到期之前就购买，你必须给出充足的理由，否则，客户会想：既然现在买和两个月后买是一样的，那就等两个月以后再买吧。

以互联网公司的营销推广业务为例，客户经常会说："时机不合适，时机成熟再推广。"很多电话销售人员遇到这种情况往往无所适从。事实上电话销售人员可能忽视了一个问题：什么时候推广和什么时候付款是两回事，就像你什么时候买车和什么时候考取驾照是两回事，客户可以不急着买车，但可以先考驾照。同理，客户可以不急着推广，但可以先开户、先付款。

客户为什么要先开户、先付款？你必须找到充分的理由，例如以下几点。

- 从开户到熟悉系统需要时间。
- 从确定推广方案到上线推广需要时间。
- 从决定推广到确定推广方案需要时间。

这就是网络推广顾问可以给客户的理由，当然，你肯定能想出更多的理由。再次强调，你一定要绞尽脑汁，给出更多的理由来说服客户为什么一定要现在买，而不是等所谓的时机成熟再买。

很多电话销售人员喜欢用促销来进一步吸引客户，但往往你会发现促销并不会起作用。推进客户的往往不是你的促销政策，而是客户需求的急迫度。

接下来，我将为你介绍 3 点值得注意的事项。

### （1）新的吸引点和卖点都有哪些

以下新的吸引点和卖点供你参考。

- 没有提及的行业、公司、品牌、项目、产品的新卖点。
- 没有谈到的成功案例。
- 促销、名额、活动等稀缺资源（要把握好时机）。
- 需求的急迫性。

谈到稀缺资源，再次强调一点，你一定要善于运用你的稀缺资源加快销售进度。

举例来讲，我为客户做调研、写总结报告、设计方案、实施培训，这都需要时间和精力，但我的时间和精力是有限的，它们是稀缺资源，我一定要运用好稀缺资源，才有可能快速推动。那么如何运用？看一个我经常遇到的场景：客户预定我的培训时间，看看两种不同的方法，你会选择哪一个。

第一种应对方法如下。

电话销售人员：为了准备得更充分，您期望的培训时间是何时？

客户：越快越好。

电话销售人员：好，我查一下老师的时间，帮您预留了 ×× 时间段，可以吗？

客户：好，我和内部确认一下。

电话销售人员：我们先预留这个时间段，您看我们什么时候可以确定？

第二种应对方法如下。

电话销售人员：为了准备得更充分，您期望的培训时间是何时？

客户：越快越好。

电话销售人员：好，我查一下老师的时间，如果我能预留 ×× 时间段，您能确定吗？

客户：好，我和内部确认一下。

电话销售人员：我们先预留这个时间段，我也和老师协调，您看我们什么时候可以确定？

这两种方法的差异虽然只有一句话，但结果却完全不同。

### （2）谈方案一定要保留卖点

在你做介绍的时候，一定要保留至少 3 个卖点，用在客户犹豫不决的时候，作为推动客户的吸引点来推动客户。

我们来看一个案例。

客户：多少钱？

电话销售人员：目前的价格是 11 800 元，现在还有 1 000 元的优惠政策，仅需要 10 800 就可以了。

客户：好的，我知道了。

电话销售人员马上给出优惠政策，导致后期追踪客户的时候，其无法提供更充足的理由来继续吸引客户。

为什么你至少要保留 3 个卖点呢？因为你要做好客户可能会犹豫不决、出现反复的心理准备：

● 获得付款的口头承诺时，你可能需要一个新的卖点；

● 从口头承诺到签订合同，你可能需要一个新的卖点；

● 客户答应结果却反悔了，你可能需要一个新的卖点；

### （3）谨慎将优惠政策作为新的卖点

值得注意的是：慎用促销。

很多客户对于促销已经司空见惯，客户对于你提到的所谓促销，如时间快要截止了、产品要没有了等是不相信的。促使客户行动，你可以用促销，但你不能仅仅使用促销。

你必须问自己一个问题：除了现在的价格优惠之外，客户现在就买对其还有什么帮助？

总之，有备无患，为客户的各种犹豫和反悔，你需要准备更多新的卖点，以此来不断吸引客户。

### 4. 果断要承诺

再次要承诺的时候，要更果断一些，给予客户更多的推动力。例如，"我这就为您办理吧"比"我这就为您办理了，您看呢？"更加果断，也更具有推动力。

如果你再次果断要承诺，很可能你会得到以下 3 个结果。

● 客户答应了，最后成交了。
● 客户主动告诉你他的顾虑，你找到了客户的顾虑。
● 客户说要再考虑一下，给了你机会去了解客户真实的顾虑。

看一个案例，这位销售人员是如何运用推动犹豫不决的客户的 4 个关键步骤，来了解客户的真实顾虑的？

客户：行吧，我再考虑一下，有时间就过去。

电话销售人员：我了解，您说过您特别想学习金融知识，我们这次邀请了国内金融领域的权威专家陈老师，陈老师一年才来东莞两次，机会实在难得。况且您认识陈老师并和他建立好关系，对您以后在金融领域的发展，肯定会有很大帮助。如果错过，损失实在是太大了。我这就帮您安排，周六下午 2 点，您过来上课？

客户：好的。

**测试**

在下面这个案例中，为什么最终可以实现成交？

● 电话销售人员：早点确定，早点准备，对结果更有帮助。您看定什么时间方便？

● 客户：我们商量一下，明天回复你。

● 电话销售人员：好的。因为这个项目早点确定时间，咱们就早点准备，对结果肯定更有帮助。另外，咱们各位领导都在，他们都挺忙的，凑在一起不容易。要不我就在线上等你们几分钟，你们现在商量一下？

● 客户：好的。

## 避免客户悔单的 4 种方法

作电话销售人员，你可能经常遇到以下场景。

● 答应了考察的时间，却往往不到现场。

● 约定了再次沟通的时间，却联系不到客户。

● 约定了付款的时间，却收不到钱。

我把这些场景都归于：客户悔单。也就是客户对于刚做出的决定感到后悔了。悔单一般有以下 4 个原因。

● 高压销售导致的敷衍。电话销售人员在不合适的时机采取逼单，有些客户不好意思直接拒绝，用口头承诺来暂时敷衍。

● 经过冷静、理性的分析后产生后悔心理。结束通话后，客户冷静下来，再一想，可能想法就变了。这种变化，可能是自己思考的结果，也可能是受到他人的影响。

● 对未知的恐惧心理。客户担心买错东西、风险问题再次进入到客户的头脑中。

● 因为服务等细节没有把握好，引发客户不满，导致客户悔单。

如何避免悔单？你可以在得到客户承诺后运用以下 4 种方法。

## 1. 感谢客户的支持和帮助

你可以这么讲："非常感谢您的帮助。一个在北京独自奋斗成长的外地人，要在北京闯出一片天，肯定离不开像您这样贵人的帮助。再次感谢您。"

如果客户接受了你诚恳的感谢，对方怎么会悔单呢？

## 2. 恭喜客户做出正确的选择 / 再次给予信心

你可以告诉客户："选择与我们合作一定是一个非常正确的决定，我们也一定全力以赴，将项目执行到最好。等到项目实施后，您就知道这个决定一定是您过去做过的，最正确的决定之一。"

用这个方法的时候，一定要有自信，用肯定的语气给客户十足的信心。

## 3. 和客户商量并确定后续事项

和客户一起确定项目实施计划，等于和客户确立了合作关系，因为双方已经在讨论合作的细节了。另外，这个做法也可以将客户的注意力从决策风险转移到具体的项目计划上，从而降低客户悔单率。

你可以这样讲："我检查了老师的行程，老师下周二到周三可以做调研，要不我们先定这个时间进行调研，我明天上午再和您做最后的确认。怎么样？"

### 4. 对客户的信守诺言给予欣赏

在某种程度上，是你为客户贴了一个标签：我是信守诺言的人。既然是信守诺言的人，怎么会说话不算话呢？

你可以这样讲："从接触您到现在，我从您身上学习到了很多，对我影响最大、最有价值的您知道是什么吗？就是我发现您绝对的诚信。例如，您上次……"

如果客户接受了你给予的"诚信"标签，那么他反悔的可能性就很小了。

# 第六部分
## 谨追踪

我已经介绍了善准备、抓开场、挖需求、谈方案、要承诺5个环节。接下来，我们进入谨追踪环节。谨追踪，有谨慎的意思，也有紧密的意思。

事实上，决定你成败的往往在于追踪，因为大部分客户都不是只经过一次沟通就与你达成共识的。

本部分，我为你解决以下4个问题。

- 如何跟进成交意向高的客户？
- 如何跟进成交意向低的客户？
- 如何提高满意度和复购率？
- 如何获得更多的客户推荐？

# 第 21 章　如何跟进成交意向高的客户

电话销售人员心中都有一个痛：跟得紧，客户烦；跟不紧，客户丢。你肯定也丢过不少高意向客户吧？

所谓高意向客户，就是有急迫动机的需求、购买时间可以确定、预算可以到位、建立了初步信任、能沟通。高意向客户基本已经决定要购买，一般成交周期短，是当下电话销售人员完成业绩目标并带来高收入的关键一环。

---

**测试**

我们先做个小测试，根据你的经验，跟进高意向客户，你在整个过程中的体验如下。

● 一帆风顺，基本什么都不做，客户自然买单，很顺利就成交了。

● 跟进成交的过程自然是曲折的，但你一直心静如水。

● 伴随着惊险刺激、紧张兴奋、难过失落、焦虑紧张的一次过山车式的体验。

---

在上述测试中，如果你体验到的是第 3 种，这是再自然不过的事情了，大多数电话销售人员都有过这种体验。

对此，你必须予以充分的重视。你有没有思考过以下问题。

● 这类客户不仅决定你当月业绩目标的完成情况，而且你在这类客户身上已经投入了足够多的时间和精力，如果稍有不慎，客户丢了，这对你的转化率和收入什么影响？

● 如果这类客户的成交转化率有极大的提高，这对你的总体转化率和收入有什么帮助？

如何跟进客户，才能既不烦客户，又不丢单子呢？你需要掌握并实践以下 4 点：

- 趁热打铁，紧密又谨慎；
- 持续强化信任；
- 时刻关注"后退"；
- 坚持不懈，不轻言放弃。

## 趁热打铁，紧密又谨慎

跟进客户，趁热打铁，需要紧密又谨慎。

紧密就是要跟紧。一方面，客户的想法可能随时会发生变化；另一方面，在面临激烈的竞争时，你需要随时把握客户的动态。

一位在线课程的销售顾问在与客户沟通后，客户说第二天联系。结果销售顾问第二天联系客户的时候，客户已经购买了竞争对手的课程。

一个想做餐饮加盟的客户在考察项目后对销售顾问说，回去再商量商量，过几天再联系。一周后当他联系客户时，客户已经加盟了竞品项目。

这样的例子比比皆是，丢单的原因就是没有跟紧。

当然，跟单只有紧密还不够，更需要谨慎。每一次和客户接触都要谨慎，也许一次不应该发的微信消息、一次不应该打的电话，甚至微信消息的内容或说话的方式不妥当，都有可能让你之前的努力付之东流。

电话销售行业，切忌逼单。举例如下。

一位客户本来挺有兴趣，双方初步约定周末去店里考察。然而，到了周末，客户一直没有接电话，电话销售人员至少打了 15 次电话。客户不接电话一定有他的原因，电话销售人员盲目地打电话不能解决任何问题。

客户如果能让你逼一下就出单，那销售也太容易做了。客户之所以在你看上去的逼单下购买，是因为客户认为现在就买对他更有好处，而不是因为你的逼单。

由此可见，跟进客户，趁热打铁，紧密又谨慎，你需要做到：围绕客户购买流程及购买时间，制定跟进计划，确定跟进频率，选择合适的沟通工具，管控跟进进度。

### 1. 围绕购买流程

围绕购买流程就是围绕客户购买的关键里程碑来跟进客户。

不同行业、不同客户、不同项目，客户采购的流程有所不同。有些客户的购买流程非常简单，而有些客户却有很清晰的购买里程碑，有些事情必须完成才能走到下一步，这是一个层层递进的过程。

无论简单还是复杂，你必须围绕客户的采购流程来跟进客户。如果客户预算还没有审批下来，你就拿你的优惠政策去逼单，想必不仅难以成交，而且也会给客户留下不好的印象。

所以，你必须了解客户会怎样购买你的产品，以及购买产品中的关键里程碑是什么，然后围绕客户的购买里程碑设计你的销售流程并确定跟进进度。

### 2. 围绕购买时间

购买时间一方面是指客户在某一个时间之前必须要做决定，另一方面是指客户在购买流程中的关键时间节点。

有些客户有明确的购买时间，有可能受到产品本身的影响，例如 SAAS 产品还有 3 天到期，客户要在 3 天内做出决定。

还有些客户是根据自己的计划确定了购买时间。例如，我的一位培训客户月初要召开销售会议，需要在销售会议期间安排培训，因为销售会议的时间是确定的，自然培训的购买时间也是确定的。

也有些客户的购买时间从一开始并不清晰，但经过和你互动沟通后确定了购买时间。例如，一位只有培训想法的客户在和我沟通后，将培训时间确定在了两个月之内的某一具体时间段。

如果客户没有清晰的购买时间，你需要为客户确定购买时间。确定了购买时间，你接下来就需要围绕购买时间为客户制订购买计划，也为自己制订跟进计划。

### 3. 制订跟进计划

为了以最合适的节奏跟进客户，你必须和客户一起制订跟进计划。这个跟进计划，对你来讲是跟进计划，对客户来讲就是购买计划。我建议你在开始跟进客户的时候，最好和客户协商，就下一步双方如何展开合作达成共识。你可以这样说。

● 我们的服务流程一般是这样的……您看这样安排是否合适？

● 为了让您更顺利地选择更适合您的项目，我们一般建议您这样做……您看这样可以吗？

电话销售人员从一开始就要和客户确定购买计划 / 跟进计划，如果双方能达成共识，则双方都知道具体的跟进进度和节奏，而且客户也会对购买做出心理准备，避免你后期希望得到购买承诺的时候，客户没有心理准备，导致拖延。

就算你不能就进度和客户达成共识，你也能从中判断客户的状态，以便你及时修正跟进计划。

跟进计划一般包括人、时间和事情。你需要完成跟进表格并与客户进行书面确认。最常见的跟进计划如表 21-1 所示。

表 21-1　跟进计划

| 时间 | 事情 / 成果 | 双方参与人 |
| --- | --- | --- |
| 10 号之前 | 调研并完成调研报告 | |
| 15 号之前 | 调研沟通并探讨初步方案 | |
| 25 号之前 | 讨论具体方案并确定项目方案 | |
| 30 号之前 | 完成具体协议的执行细节 | |

## 4. 确定跟进频率

跟进频率即多久跟进一次。很多电话销售人员逼单出问题，关键在于没有把握好跟进频率，跟得太紧会给客户造成压力，进而导致客户的抗拒和厌恶。

确定跟进频率往往遵循以下两个思路。

● *根据客户的购买时间确定跟进频率。例如，客户购买时间紧迫，跟进节奏一定要快。*
● *根据双方达成的跟进计划确定跟进频率。一旦确定计划，什么时候做什么事情以及由谁做都将得以确认，双方为了推进计划而采取的跟进沟通行为属于正常的沟通。*

## 5. 选择合适的沟通工具

沟通工具的最佳组合是"微信＋电话"。微信用来和客户保持联络、传递信息、强化关系，尤其是预约电话沟通。关于微信在维系客户过程中的应用，我在第 22 章和你交流。

销售人员在深度沟通时一定选电话，一次电话沟通胜过十句微信消息。

## 6. 管控跟进进度

在跟进过程中，电话销售人员可能会遇到无法按照计划执行的情况。如何避免这种跟进失控？建议如下。

● **每一次沟通都一定要得到下一次沟通的承诺**。*如果遇到问题，你必须解决问题。以在线教育为例，如果按照计划，下一步需要安排体验课，但客户迟迟安排不了。无论是顾虑，还是犹豫不决，你都必须解决这个问题，而不是被动地等待客户做决定。*
● **为每一次和客户的主动接触寻找或创造合理的理由**。*有时候在计划之外，你期望能主动和客户接触，你需要为接触创造条件，让你的*

接触显得合情合理。例如，客户内部在决策中，让你等待结果。你自然不能天天去追问，但也不能不管不问。后来，你留意到客户所在行业的广告牌，你拍下来并发给客户，和他聊行业问题。这就是创造接触的机会。再例如，电话销售人员为客户整理一份行业采购报告并将其发给客户，这也是创造接触的机会。而且这种接触是在为客户创造价值。

综上所述，跟进客户，趁热打铁，紧密又谨慎，你首先要做到：围绕客户购买流程、购买时间，制订跟进计划、确定跟进频率、选择合适的沟通工具以及管控跟进进度。

那么，什么是你首先要做到的？还有什么是你必须要做到的？我们看下一个重点：持续强化信任关系。

## 持续强化信任关系

你和客户的关系就像小树苗一样，如果你在跟进过程中不再投入，不再深化信任关系，不再为客户创造价值了，你以为你们之前的关系足以让你获得客户的青睐，那你就大错特错了。

追踪客户、获得订单，你需要持续浇水施肥，即持续深化、强化信任关系。

为了提高你跟进高意向客户的成交转化率，你必须考虑一个问题：跟进客户的过程中，你做的每一件事情、每一次接触、每一次用微信发送消息、每一通电话，是在强化信任关系，还是在破坏信任关系？

看一个典型的案例，一位电话销售人员在跟进客户的两周内，每两天给客户发一条微信消息。内容如下。

- 张先生，您回广州了吗？
- 张先生，您考虑得怎么样了？

- 张先生，我们什么时候可以签合同？
- 张先生，什么时候方便见面？
- 早，您上班了吧？
- 你们在天河区，对吧？我们客户经理明天在那里，可以顺便见个面吗？
- 也没有什么事，就是联系一下您。

这位电话销售人员给客户发的这些消息是在打扰客户，还是在为客户创造价值呢？是在破坏彼此的信任关系，还是在强化彼此的信任关系呢？

请你牢牢记得下面这 3 句话。

- 任何无意义的浪费客户时间和精力的跟进行为，都是在为你减分。
- 在接触客户前，一定要问问自己：我发的这条消息、打的这通电话能为客户带来什么帮助？
- 如果你不确定自己是否能给客户带来帮助，就暂时不要和客户接触，直到你找到为客户带来的好处后再联系。

很多电话销售人员在跟进高意向客户时，遇到客户不接电话的情况就拼命地打电话，每天都打，甚至晚上 12 点还给客户打电话。但问题是如果客户还没有做好购买准备，即使你每天都打电话，客户也不会接你的电话。你的这些行为都在为你减分。

为了避免上述行为的发生，初次沟通的时候，你要激发急迫性和重要性、塑造公司品牌、建立信任度、塑造产品价值、加强吸引对方的力量。

你可能有一个困惑：我该怎么办？从哪里入手能为客户带来好处？为客户带来好处，你要关注两点：接纳人、相信事。

## 1. 接纳人

接纳人就是让客户更接纳你、更喜欢你。例如，你能给客户带来更愉悦的体验、更舒服的感觉，客户和你在一起感到很快乐。接纳人，你这是在为客户创造外在价值。

为了加强客户对你的接纳，你可以从 4 个方面入手：

（1）诚实守信；

（2）体现专业；

（3）让自己更透明；

（4）不求回报地付出。

被客户接纳有不同的意义，这里指的被客户接纳，不是指"情感"层面的被接纳。"情感"层面的被接纳，是指客户完全认可你这个人，甚至因为你这个人而购买你的产品。

"情感"层面的被接纳不是一朝一夕的事情，需要更长久、更持续的接触。我将在第 22 章介绍如何在"情感"层面被接纳。被高意向客户接纳需要你以更快速、更专业的方式打动客户。

### （1）诚实守信

和客户打交道，诚实守信至关重要，你要做到 3 个不：不夸大事实、不隐藏缺点、不随意承诺。

**不夸大事实**

你不能为了得到单子而夸大事实。例如，我告诉你，大部分与我合作的客户在 3 个月内都实现了平均转化率提高 30%，这是真实的。但我告诉你平均转化率提高 1 倍以上，这是虚假的。因为小部分理解能力和实践能力强的学员确实可以提高 1 倍，甚至 6 倍以上，但如果做到平均 1 倍以上，肯定是不可能的。

**不隐藏缺点**

你有什么缺点，客户终究会知道，尤其是会对客户产生重要影响的缺点和不足。与其客户通过其他渠道知道，或者合作过程中出现问题、抱怨或投诉，不如自己主动告诉客户。

例如，你知道客户期望 30 天开店，但你知道你们最快也要 90 天才能帮助客户开店。对此，你采取模棱两可、含糊其词的方法蒙混过关，或者客户没有问你，你就不告诉客户，这都会出大问题。在这种情况下，你必须告诉客户，并和客户讨论解决问题的方法。

另外，关于缺点，我也和你沟通过，大部分缺点其实都不是缺点，只是由于客户看问题的角度不同而导致的。

举个例子，看看我是怎么做的。

我觉得我的课程有一个缺点，就是干货太多。干货太多怎么也成了问题？这就像是吃自助餐一样，如果全是肉类，消化能力弱的人会吃撑，从而导致消化不良。课程干货太多也会引发类似的问题，理解能力不强的学员理解不了，后期在应用时就会遇到问题。

为了避免学员学习后在应用层面遇到问题，我会主动告诉客户这一点。上课前，我一定会和客户沟通这个问题：我要挑选学员，我只要部分学员参加课程。

我告诉客户，系统学习电话销售方法论，时间紧张，干货为主，我建议让那些有饥饿感且消化能力强的电话销售人员来学习。

为了做到这一点，我鼓励客户，让电话销售人员自费学习我的课程。一般的内训都是由企业付费的，学员自己不付费自然不会珍惜。当学员自费学习课程时，说明学员有学习欲望，并会在课堂中更有主动性地学习，学习效果也会更好。

上述例子是想让你知道，从诚实角度，你不能隐瞒你的"缺点"，你要让客户知道这些所谓的"缺点"。有时候，你主动告诉客户你的"缺点"往往是为你加分，而不是减分。当然，你也要找到方法，促使客户接受你的"缺点"，否则，它们就真成缺点了。

### 不随意承诺

做到诚实守信，你千万不要随意承诺。你要牢牢记得一点：承诺的事情一定要做到，做到的事最好多于承诺的事。

例如，客户问我："老师，你能不能保证培训后转化率提升 30%？"

我能做到，但我不能承诺。如果我做了这个承诺，这就是一种随意承诺的行为，因为影响转化率的因素很多。

当然，我不是对所有项目都不做承诺。对于"电话销售精英百日之旅"培训项目，如果我评估过客户情况和团队问题，我认为达成目标的可能性很大，客户也能达到我的要求，我是敢于做承诺的。

总之，诚实守信，承诺的事情一定要做到，做到的事一定多于承诺的事。

**（2）体现专业**

客户都喜欢和专业的人打交道，体现专业的核心方法就是体现你为客户解决问题的能力。

例如，我有时候在需求调研结束后，针对客户提出的问题，我在时间允许的情况下会为客户录制视频课件。通过这些视频课件，一方面帮助客户解决问题，另一方面也建立我在客户心中的专业地位。

总之，在跟进客户的过程中，始终别忘了体现你的专业能力。

**（3）让自己更透明**

让自己更透明是指尽可能透露个人信息给客户。客户对你个人越了解，相对越容易接受你、信任你。例如，你的朋友圈可以多发布你的学习、荣誉、业绩等情况，以此增加客户对你的了解。

你现在就可以拿出手机，给这本书拍几张照片，写写你的读书心得，发到你的朋友圈，让你的客户知道，你是一个有追求、有梦想、热爱学习的人，相信你的客户一定会更信任你。

**（4）不求回报地付出**

跟进客户并被其接纳，你一定要不求回报地付出。我想请你记住一句话：你知道你的付出在哪里，却未必知道你的回报在哪里。也就是说，你今天在某一位客户身上付出，但你的回报未必就能体现在这个客户身上；但持续的付出一定会让你收获惊喜。这种惊喜来自于你日常对所有客户的付出。

## 2. 相信事

谈完"人"，我们谈"事"。在跟进过程中，如何建立客户对"事"的相信程度？

相信事就是让客户更相信你具有帮助他实现目标的专业能力，你这是在为客户创造内在价值。

你需要持续传递有助于客户信任你，有关你公司、产品、客户的相关信息（见表21-2），持续地塑造品牌价值和产品价值，持续地吸引客户，而不是每次都问客户"您考虑得怎么样了"。

表 21-2　关于公司产品和客户的信息

| 信息类别 | 可以传递或者发布的信息举例 |
|---|---|
| 公司相关信息 | 办公场景、生产物流、线下展厅、内部活动、市场活动、赞助活动、公益活动、新闻报道等 |
| 产品相关信息 | 获奖报道、防伪商标、技术研发 |
| 客户相关信息 | 成功案例、客户证言 |

这里涉及一个问题，你要考虑传递信息的节奏。你不可能一次就把所有卖点都传递给客户，你需要逐步传递，持续建立信任。

上述就是我所说的，跟进成交高意向客户，通过让客户接纳人、相信事，持续建立信任。你需要确保你与客户的每一次接触，一定是能够强化信任度，而不是破坏信任度；一定是传递价值，而不是打扰客户；一定是能吸引客户，而不是推开客户。

你一定要持续地传递或发布有价值的信息，一定要持续地影响客户，还要时刻关注客户的"后退"。

## 时刻关注"后退"

客户的后退就是客户退缩了，以销售里程碑为例具体说明。

客户今天和你聊得挺好，既认同你，也认同你的品牌、项目、产品，甚至觉得价格也都没有问题，现在就准备和你签协议并付款了。但下一秒，也许是朋友的一个观点，也许是网上的一篇文章，也许是家人的一句话，就让这一切都烟消云散了。

客户也许觉得没有必要购买你的产品了，需求不存在了，从认同价格一下倒退到了没必要了。

客户也许觉得该项目不合适，而你的竞争对手更出色，由此倒退到了认同产品阶段。

或者客户突然觉得你提供价格实在离谱，不值得。倒退到了价格认同阶段。

客户的这种倒退以及摇摆不定的心理状态，随时随地都有可能发生。

有一次，一个学员的一位客户有意向报名参加他们的创业训练营，刚好他们在深圳举办一场大会，他邀请客户参加会议，期望借助会议促成交易。按照他的判断，参加完会议，客户应该可以成交。结果会议结束后，沟通的时候，他感觉客户的意向度反而降低了，客户甚至表达了没有必要参加创业训练营的想法。这对他来讲是一个突然袭击。

我首先告诉他，客户倒退了，但你还没有为客户的倒退做好充分的准备。

很多时候，电话销售人员一直带着客户往前走，却错误地以为客户也和他一样一直在往前看。殊不知，你在往前看的时候，客户可能在往后看；你在前进的时候，客户的心可能在倒退。这是大多数电话销售人员都会犯的错误，甚至有些人都没有意识到这个问题。

我在上一章提到持续地传递价值、塑造信任，目的是避免客户的倒退。同时，你也要为客户的倒退做好充足的准备。要时刻问问自己以下问题。

- 什么因素会导致客户的倒退？
- 我该如何预防客户的倒退？
- 如果客户倒退，我该怎么办？

在跟进成交意向高的客户的过程中，时刻关注后退，你需要持续做 6 件事：

1. 持续激发需求，避免需求倒退；
2. 持续增加信任，避免客户抗拒；
3. 持续强化优势，不断吸引客户；
4. 持续克服不足，不断拉动客户；
5. 持续证明价值，建立客户信心；
6. 持续打消顾虑，解决客户问题。

如果客户倒退了，只能从头来过。

## 坚持不懈，不轻言放弃

最关键的时刻到来了！在客户做决策的最后关键时刻，你要坚持不懈。简单来讲，就是要敢于持续地、高密度地给客户打电话，因为再不跟进就没有机会了。话虽这么说，你也一定要注意以下两点：

- 关系不能破坏，谁知道未来会发生什么；
- 抱着为了客户成功的决心，而不是为了自己赚钱的决心。

关于这一点，你要理解：有相当一部分客户在最后做决策的关键时刻，承受着巨大的压力，客户需要在你的帮助下做出正确的选择。

我们来看一位电话销售人员分享的案例：一天之内 7 个电话，如何峰回路转？

客户之前想给孩子报名早教课，但后来经过与家人商量后，觉得没有必要，因而有些犹豫。该谈的都已经谈过，无论是课程还是价格，客户都认可，就差客户最后的决定了。

今天是月底最后一天，也是优惠的最后截止日期，更是电话销售业绩冲刺的最后关键时刻。销售顾问在一天中给客户打了 7 通电话，最后的结果是什么？我们一起来看看。

第 1 通电话：上午 10 点。

电话销售人员：……是否可以为您办理？

客户：哎呀，考虑了一下，觉得也没有必要，好像也学不到什么东西。

电话销售人员：王姐，怎么突然有这个想法了呢？

客户：我周围有家长之前让孩子上过类似的早教班，但好像效果不明显。

电话销售人员：王姐，他们学习的是什么课程？在哪里学习的？您知道吗？

客户：这我倒不知道。

电话销售人员：王姐，那我就理解了。是这样，有两个问题需要您考虑：第一，大家都说，3 岁看大，7 岁看老，孩子在 7 岁之前，很多方面就已经定型了，甚至都决定一生了……所以，您说，早教对孩子的成长，对他们的未来，重要不重要呢？

客户：你说的我倒是也认同，这也是为什么我还在犹豫。

电话销售人员：王姐，咱们都是做妈妈的人，不期望孩子成龙成凤，但至少也不能从小耽搁了，对吧？您很认同这对 3 岁的小孩子很重要。我之前和您说过，今天是优惠的最后一天，这次优惠的力度非常大，因为是庆祝六一儿童节，才有这么大的优惠活动，您如果错过这次优惠，真的挺可惜的。我今天就帮您办理吧，一个月后当您看到宝宝的成长时，您会感激您今天的决定的。王姐，您用微信还是支付宝？

客户：你说的我都理解，我再看看。

电话销售人员：嗯，要不您再想想，我中午再给您电话。

第 2 通电话：中午 12 点。

客户：还是要再想想。

电话销售人员：行，您再想想，我刚才也想到了一个问题，您有没有考虑过，现在 3 岁刚好是最佳的幼教启蒙的时机，您错过了这个最佳时机，对孩子的未来……

客户：我知道，让我再想想吧！

电话销售人员：行，我尊重您的想法，我下午再给您打电话。

第 3 通电话：下午 3 点。

客户：还是没有定。

电话销售人员：王姐，您看您也知道，这个时机是最好的，无论是教育的时机，还是优惠的时机，但您迟迟不定，一定还有什么想法。您讲出来，看看我能为您做什么。

客户：其实，倒也没有什么，还是担心起不到什么作用。

电话销售人员：王姐，您这种担心我能理解，那您担心起不到作用，是担心万一起不到作用，耽误时间了还是浪费钱了？

客户：两者都有吧。

电话销售人员：王姐，关于为什么能起到作用、宝宝学习后的变化，以及专家的观点等，您之前在考察体验的时候都了解了，也都认同，我就不再解释了。您担心时间和学费的问题，如果能解决，是不是就可以了呢？

客户：怎么解决呢？

电话销售人员：王姐，咱们已经很熟了，又在一个小区住，我也想帮您。您看这样，我给公司申请一下，您的宝宝在这个班学习1个月，如果您觉得没有变化，不满意，达不到您的期望，我申请帮您退款，这样您就不用担心钱和时间的问题了。您看这样能不能解决您的问题？

客户：那你先申请看看。

电话销售人员：好，我先申请，申请到了，我再给您电话。

第4通电话：下午5点。

电话销售人员：好消息，申请到了……

客户：嗯，爸爸不同意。

电话销售人员：啊？什么原因呢？

客户：现在接送孩子是一个问题，时间上不好安排。

电话销售人员：是这个原因啊，所有家长都会遇到这个问题的，您小区里的很多家长都担心过这个问题，然而，对父母来讲，孩子的教育不是最重要吗？家长们为了孩子，不都是牺牲很多、付出很多吗？再说，现在为他们多操点心，未来不就少操点心吗？

客户：嗯。

电话销售人员：这个时机真的好，因为今天最后一天，6点钟我们就截止了，您看是微信还是支付宝转账？

客户：我再想想。

第5通电话：晚上8点。

客户：不好意思，还是不报了。

电话销售人员：是不是有其他原因？

客户：那倒也没有什么，商量了一下，还是不报了。

电话销售人员：理解。我知道您还是很想报，这样，我刚才给公司申请了，您的优惠名额，帮您保留到凌晨12点，您再考虑考虑。

客户：嗯。

第 6 通电话：晚上 10 点。

客户：哎呀，我都觉得不好意思，还是不报了吧。

电话销售人员：这么晚打扰您很抱歉，但您宝宝上次来我们这里，多可爱的一个宝宝啊，我们都很喜欢。也是为了您宝宝的未来和成长，我是冒着被您骂的压力给您打电话的。

客户：谢谢你，不报了。

电话销售人员：好的。太可惜了，离 12 点还有两个小时，您再考虑考虑，真的，为了王姐，也为了宝宝，我不会轻易放弃的。

客户：嗯。

第 7 通电话：晚上 11 点。

客户：还是不报了吧，谢谢你。

电话销售人员：没有，应当谢谢您，谢谢您一直这么有耐心地和我聊。我现在很难过，也恨我自己，因为我没有能力为您、为您宝宝促成这件事。如果他能参加我们的班，该多好啊……不管怎样，谢谢您的耐心。

一天 7 个电话，换来的是客户的拒绝。正在暗自伤神中，突然，客户发来了一条微信：微信和支付宝都可以付款吧？

可谓是峰回路转，起死回生，成交！

从这个案例中，你能看到我们课程方法的应用吗？

当然，最重要的是在客户做决策的关键时刻，客户需要你，不要轻言放弃。

但是，我这样讲，并不代表我鼓励你对所有的客户都采用这种方法。关于坚持不懈的程度，就需要你去把握了。

# 第 22 章　如何跟进成交意向低的客户

电话销售人员往往都有一种痛：明明客户有需求，但客户不是抗拒和你沟通，就是需求不急迫。

这就是我在本章要介绍的，提高低意向客户转化率的方法。

什么是低意向客户？其定义涉及两种类型的客户。

- 有需求但不急迫，并且有些抗拒心理，在时间和钱方面可能还不确定。

- 有些客户有需求，也急迫，但客户抗拒和你聊。这类客户可能是其他人的高意向客户，但对你来讲就是低意向客户。

虽然高意向客户的转化率更高，但你绝对不能忽视低意向客户，毕竟低意向客户的基数大。决定你业绩和收入，让你和其他人拉开差距的往往是这类客户。看看你周围的电话销售高手，他们哪一个不是转化这类客户的成交高手？

首先，你必须重视这类客户的转化。你有没有考虑过以下几个问题。

- 你开发出来的大部分低意向客户，如果因不能实现转化而流失，你为此付出的时间和精力会不会浪费掉？这对你的转化率和收入有什么影响？

- 如果这类客户的转化率有所增加，这对你最终的转化率和收入会有什么帮助呢？

在跟进低意向客户时，你需要掌握并做到以下两点：

- 7 天微信追踪法；
- 用心关怀法。

值得注意的是，社群对低意向客户的转化也很重要，你需要对此引起足够的重视。

## 7 天微信追踪法

电话销售人员经常遇到以下场景：和客户的电话结束后，客户同意添加微信。客户有需求，虽没有完全抗拒，但表现得不是特别主动。你一定遇到过这种客户吧？怎么办？

这类客户就是低意向客户。他们虽然有需求，但看上去不是很主动。下列 4 种跟进成交的方法，你会选择哪一种？

- 等客户和你联系。
- 持续打电话。
- 微信推送产品介绍。
- 微信推送促销政策，吸引客户。

如果你仔细看过前面讲的 21 章的内容，我想你会知道这 4 种方法都不可取，同时你也会知道正确的做法。

这个阶段的客户抗拒无非有 3 种可能性：信任关系不够、需求激发不够、价值塑造不够。你要在最短的时间内建立信任、激发需求、塑造价值，这就是我接下来要讲的 7 天微信追踪法。

### 什么是 7 天微信追踪法

7 天微信追踪法，就是在相对短的时间内（标准是 7 天），借助微信，按照"抓、挖、谈、要"的流程，循序渐进地每天向客户传递一条相关信息，从而快速建立信任、激发需求、塑造价值、消除客户抗拒，以及获得客户承诺（深度沟通机会、成交等）的一种方法。

这种方法特别适合刚开始和客户接触，客户没有完全抗拒，但也不是很主动的场景。当然，微信仅仅是传递信息的沟通工具而已，QQ、邮件、短信等都可以。

所谓 7 天，未必完全是 7 天，也可以是 10 天甚至是 20 天，还可以是 3 天，具体时长和产品的成交周期、客户的购买流程，以及客户目前所处的阶段有关系。例如，时间紧迫，客户两天内就会决定，也许你要传递的信息在 1 个小时内就要发完，甚至直接打电话沟通。

如果是 7 天，可以按照"3121"的节奏：3 天建立信任，1 天激发需求，2 天塑造价值，1 天要求承诺。

如果是 10 天，可以按照"4321"的节奏：4 天建立信任，3 天激发需求，2 天塑造价值，1 天要求承诺。

## 每天具体做什么

我按照 7 天的用法为你解释每天传递什么信息。

第 1 天：自我介绍，让客户知道你是谁。

第 2 天：品牌信任，塑造公司形象，让客户对公司引起重视。

第 3 天：个人信任，建立客户对你个人的接纳。

第 4 天：激发需求，让客户意识到他需要重视和关注你提到的问题或者引导差异化需求（如果客户有需求，那么你重点谈差异化；如果客户需求急迫度还不够强，那么你需要重点谈需求的重要性）。

第 5 天：简单介绍方案，让客户知道你的差异及价值。

第 6 天：成功案例，通过成功案例和证据建立信任。

第 7 天：要求承诺，期望深度沟通（如果产品简单，可以直接要购买的承诺）。

补充一点：你传递的信息的形式可以是纯文字，也可以是图片或视频。但考虑到文字更有利于客户阅读，我建议用文字和图片结合的形式。

## 实践案例

### 第 1 天：自我介绍

王总，您好，我是电话销售转化率专家张炬搏老师的同事小李，很高兴认识您。和您接触，是因为我了解到您正在为您的电话销售团队招兵买马。

期待可以和您保持联系，在您需要我们帮助的时候，可以及时交流沟通。

### 第 2 天：品牌信任

王总，不知道您之前有没有了解过张老师？作为联想、惠普、百度、腾讯等 500 强企业的电话销售教练，张老师在电话销售领域已经拥有超过 20 年的研究和实践经验。在张老师的指导下，其服务的客户的绩效水平在 3 个月内平均提升了 30% 以上。

### 第 3 天：个人信任

王总，您好，我是小李，今天一切都好吧？

最近几天，全国各地气温都很高，我关注到武汉的最高气温已达到 38℃。天气炎热，附送我精心整理的夏日避暑指南，供您需要的时候参考。

### 第 4 天：激发需求

王总，早上好，我是小李，祝您一早有好心情。

目前电话销售型团队普遍存在的问题是获客成本高、人均转化率低、公司利润低甚至不盈利。

王总，不知道您平时有没有关注过这些问题？您可曾考虑过，这些问题的根源是什么？对您有何影响？您可曾考虑过，用最简单、最省钱的方法来改善？

### 第 5 天：简单介绍方案

王总，早上好，我是小李，祝您开心每一天。

电话销售团队利润低，和电话销售团队的整体销售转化能力差直接相关。

为了提高电话销售团队的盈利能力，提升销售转化能力，张老师设计了为期 100 天，线上、线下结合的"电话销售精英百日之旅"训练项目，期望可以帮到您。

这个训练项目经过电话销售团队应用后，整体转化率至少提升 50%。

我猜您可能也想知道我们如何帮他们做到的，对吧？

### 第 6 天：成功案例

王总，早！对于昨天提到的训练项目，您可能会有疑问：能做到吗？
我简单给您分享 3 个案例：

慧聪网销售训练，人均销售转化率提升 50% 以上；

联想集团训练辅导项目，彼此关联的 5 个 KPIs 指标，销售效率提升
了 38%；

金蝶软件定制化训练，商机转化率提高 25% 以上。

### 第 7 天：要求承诺

王总，早！经过一周的分享，我非常渴望有机会和您进行一次互动交
流，一起探讨您目前所关心的电话销售问题，看看我们如何可以帮您提高
转化率和利润率。

我们这两天找个时间电话交流一下，可以吗？从我的时间看，明天时
间合适，不知道您哪个时间合适？

盼复，再次感谢您的支持，很高兴和您交流。

这就是 7 天微信追踪法，即借助微信，循序渐进地快速取得客户信任、
激发需求、塑造价值、获得承诺。

## 借助销售自动化软件提高效率

7 天微信追踪法虽然好用，但如果你每天都会产生大量的低意向客户，
那么你纯粹借助手工操作很浪费时间。如果有条件，你一定要借助自动化
软件系统，让 7 天微信追踪法自动化。这样，你不用操作，软件定时发送
信息，你只要在合适的时间与客户进行电话沟通就可以了，这样做可以更
好地节省你的时间和效率。

## 用心关怀法

对于有些客户来说，你运用 7 天微信追踪法就能打动对方，促使双方继续谈下去。但也有不少客户，即使你使用了上述各种方法，客户却还是无动于衷，这就需要你投入很多的时间和精力，才有可能和客户达成合作。这类客户属于抗拒的客户。

对于高效率快速成交的电话销售模式来说，也许这类抗拒的客户早就被你放弃了。但很多电话销售模式是以关系为导向的。一方面，对方在合作之前，电话销售人员需要和目标客户、倒退的客户、比较中的客户等持续建立关系，以获得机会；另一方面，在合作之后，电话销售人员需要注意维护关系，以获得长久的生意。这就需要你思考以下 4 个问题。

- 如何与这类抗拒客户建立关系，取得信任？
- 如何打动这类抗拒客户？
- 和抗拒的客户打交道，如何破冰？
- 如何持续服务于客户，进一步打动客户，获得更多生意？

首先请你先看几个案例。

在和客户沟通的过程中，电话销售人员知道客户生病刚刚出院，马上邮寄了一束鲜花，叮嘱客户好好休息并祝其早日康复。客户收到鲜花后深为感动，态度明显好转。

给客户打电话的时候，电话销售人员知道客户在休假以准备公务员考试，于是通过微信持续关心客户，叮嘱其注意身体，并为其加油鼓劲。在考试前夜嘱咐客户早点休息，考试后当天晚上询问客户考试情况。客户很感动，态度明显好转。

在和客户聊天的时候，电话销售人员偶然得知客户为孩子的学习发愁。当天晚上这位电话销售人员立刻购买了一套关于父母教育子女的图书邮寄给了客户，期望能帮到客户。客户态度明显好转。

这些客户的态度从抗拒到接纳的主要原因是什么？那就是用心关怀，关怀客户个人，用情感打动客户。

电话销售人员关怀客户，一般有4个层次：随口说、用心说、随意做和用心做。

---

**测试**

如果你在和客户沟通的过程中听到客户咳嗽，你会怎么办？

1. 嘴上说一说，让客户注意休息，然后继续关注你的业务，之后不再理会。

2. 非常关心客户，了解前因后果，结束电话后还会持续关注，直至客户康复。

3. 非常关心客户，结束电话后马上邮寄感冒药给客户。

4. 非常关心客户，了解前因后果，结束电话马上上网咨询，给客户购买适合客户的两种咳嗽药并邮寄给客户，然后持续关心客户，直至客户康复。

你会怎么做呢？我估计大部分人的做法都是第1种，极少有人能做到第4种，但那些关注用户极致体验，以"情"动人的优秀电话销售人员，一般在第4个层面上。

---

在和他们大量接触后，我发现这些重视关系、业绩出类拔萃的电话销售人员都有共同特征：善解人意、关心客户。电话销售人员用心关怀客户，记得，用心很关键！

## 如何用心关怀客户

根据关怀的内容不同，沟通时电话销售人员要注意以下5个要点。

- 关注客户健康。关键词：住院、咳嗽、喝药、有气无力、饮酒、天气等。
- 关注客户情绪。关键词：开心事、烦心事、愤怒、发脾气。
- 关注客户安全。关键词：出行、住宿、开车、恶劣天气。
- 关注客户情感。关键词：朋友、家人、父母、子女、爱人。
- 关注客户事业。关键词：行业、生意、工作、客户。

根据关怀的时机，电话销售人员要注意以下两个关键时机：

- 日常的节假日关怀；
- 借助对客户而言重要的日子/重要的事件表示关怀。

根据关怀的方式，要注意以下两个方法结合使用：

- 精神层面，即语言关怀、微信关怀等；
- 物质层面，即礼品关怀、优惠券、购物券等。

## 定期出现

客户关怀的一个要点是定期出现。无论是通过微信、短信、礼品或者电话，你都要保证定期"出现"在你的客户眼前。根据客户的重要性，制定不同的关怀计划，通过关怀计划定期关怀。时间久了，你的关怀就成了客户生活中的一部分，借此加强和客户的关系。

例如，一位电话销售人员每周三晚上 8 点都会给客户分享一篇其公司的管理周刊上的文章，这一行为持续了 6 个月，从未间断。但有一次她太忙了，没有及时分享，反倒有客户主动询问，怎么没有收到你的周刊？你离职了吗？由此可见，她分享的文章已经成了客户生活的一部分。

这就是取得客户对电话销售人员个人的接纳，以情感打动客户的用心关怀法。期望你可以通过这个方法，建立客户对你个人的绝对接纳。

### 给你单子未必是接纳你

提出一个问题：在你的用心关怀下，客户终于给了你单子。请问，在这种情况下，客户是不是真正接纳了你？

客户给你单子是好事情，但你要区分这是客户的内疚补偿心理在起作用，还是客户真正接纳了你。有些时候，你的用心关怀引发的是客户的内疚补偿心理。换句话说，客户内心期望通过为你做些事情来实现心理平衡。

如果你不能区分，很可能在合作一次后，客户就消失了。而你与客户打交道，持续、长期的合作不是更重要吗？

下一章，我将为你介绍如何持续获得客户和生意。

# 第 23 章　如何提高满意度和复购率

电话销售人员心中都有一个痛：好不容易开发的新客户，结果是"一锤子买卖"居多，电话销售人员不得不去开发新客户。但开发新客户更加耗费时间和精力，时间久了，让人疲惫不堪，结果让自己陷入了痛苦的恶性循环：开发，流失，再开发，再流失。

很多行业的电话销售人员都需要持续维系其与客户的关系，都需要持续开发客户、挖掘客户潜力、提高复购率。

以教育行业为例，如果把免费体验课作为第一次合作（客户付出的是时间和精力），那么从体验到付费，就是复购；从付费到持续付费，继续报名其他课程，就是复购。

以招商加盟为例，客户第一次合作可能是某个项目的单店加盟，后期从单店到多店，或者到区域代理，就是复购；或者加盟你的其他项目，就是复购。

以原材料 / 快速消费品为例，客户第一次购买可能是小批量地尝试某一个产品，从第一次尝试到后期扩大到多产品的持续购买，就是复购；再扩大到成为你的经销商，也是复购。

无论你从事什么行业，你都需要客户的复购，也需要和客户展开更深入的合作。即使有些电话销售模式，将电话销售分为新签团队和续签团队，或者分为邀约团队和成交团队，但我建议电话销售人员还是要有复购的意识，因为客户转介绍（详见第 24 章）也属于复购的一种形式。

在介绍提高复购率的方法之前，你要充分重视以下问题。

● 如果你与客户的合作都是一次性合作，那么你付出这么多的努力，换来的是一次也许不大的订单，这对你的转化率和收入有什么影响？

● 如果你可以更轻松地从合作客户那里得到更多、更大的订单，以及更多的转介绍，这对你的转化率和收入会有什么帮助？

提高复购率，轻松带来更多生意，你需要理解、掌握并做到以下几点：

● 对提高复购率的两点思考；
● 提升客户满意度的 3 个注意事项；
● 激活沉默客户的方法。

## 对提高复购率的两点思考

我们先看一个案例，看看企业投入大量的营销成本所带来的客户是怎样流失的。

客户期望由家政公司提供办公室清洁服务，通过一则互联网广告，客户下载了某个家政 App，预约了第二天 10 点的保洁服务。

过了几分钟，客服打来电话，提到没有匹配到合适的保洁人员，只有一位阿姨，但她希望将服务时间段改为 8:30 ~ 10:30，或者 15:30 ~ 17:30。后来客户确认服务时间段为 8:30 ~ 10:30。

### 第 1 次沟通

客户起床晚了，总算匆匆忙忙在 8:30 之前赶到了办公室，结果他发现自己没有带钥匙。8:20 时，客户给客服打电话。对话内容如下。

客户：能不能改时间？

客服：您的订单号……好的，我查询到了，您预约了 8:30~10:30 的时间段，对吧？您有具体期望的时间吗？

客户：今天或明天都可以。

客服：我帮您看了，15:30 ～ 17:30，或者明天 10:30 ～ 12:30，您看哪一个时间段合适？

客户：那就明天 10:30 吧。

客服：好的，明天上午 10:30，谢谢您。您的订单已经在服务状态了，我现在就和阿姨联系。

客户：好的，谢谢。

结束电话，客户感到挺高兴，认为这家家政公司服务不错。既然进不了办公室，他就准备回家了。

过了 15 分钟，看到有家政公司的未接来电，就马上打了回去。

## 第 2 次沟通

客户：您找我？

客服：是这样，阿姨已经到了您约定的地方，如果您要改时间，需要收取一定的空档费。

客户：空档费？收多少？

客服：这方面需要其他客服人员和您联系。您这个订单已经在服务中了，所以您取消不了，我已经帮您取消了。您再下一个 15:30 的订单。

客户：再下一个订单，我要重新支付一次？之前的付款怎么办？

客服：之前的款项会进行退款处理，但您需要支付空档费。

客户：多少钱？

客服：您稍等，我帮您查一下。我看到了，最多收取您 50 元的费用。

客户：什么？家政服务费才 90 元，改个时间就要收取 50 元？

客服：因为阿姨已经到您约定的地方了，改时间是要收取费用的。

客户：你们这样做很不合理。你为什么一开始不告诉我？如果你一开始告诉我，我马上想办法拿到钥匙，钥匙是可以尽快送到的。

客服：我们当时也需要和阿姨沟通，要不您现在去取钥匙，估计时间也来得及。

客户：这样吧，你当时没有告诉我，耽误了一段时间，我把时间改到9:30，你让阿姨9:30过来。

客服：这个也要和阿姨沟通的我和阿姨说一下。

放下电话，客户打电话叫醒家人，安排了家人送钥匙，千叮咛万嘱咐一定要快。

### 第3次沟通

客服：和阿姨协调了，您不需要付空档费了，还是同一个阿姨，安排到了今天15:30。

客户：我都已经安排家人送钥匙了，不行，还是换原来的服务时间。阿姨不是在门口了吗？等着吧，我估计很快钥匙就被送到了。

客服：阿姨听说时间不行，已经走了，现在安排到下午了。

客户：我吵醒了全家人，花了30元打车费让家人送钥匙，你现在告诉我阿姨走了？（愤怒）

客服：是您说要改变时间，阿姨才走的。（辩论）

客户：我就是改一个时间，我们通了这么多次电话，费了这么多精力，还让我多花了钱。

客服：不是我把事情搞复杂的。

客户：为什么打第一次通电话时你不告诉我，你要和阿姨沟通？

客服：我告诉你了。

客户：不说这个了，你让阿姨9:30之前来。

客服：这个真不行，帮您安排到了15:30。

客户：不行。（挂了电话）

很快，客户拿到钥匙，等到9:30，不见人来，也不见客服回复。只能接受15:30的服务时间。再次致电客服，确定15:30服务。

到了15:30阿姨准时到来。考察一番后，阿姨说："你这个办公室，两个小时打扫不完，要 3 个小时。如果你只付了两小时的费用，我就只能简单打扫了。

客户心想：平时我们自己打扫，两个小时都能打扫得干干净净的，你作为专业人士，还没我们快？

想着这些，看客户无可奈何地打开手机，支付了另外 1 个小时服务费的同时，注销了账号，删除了 App。

请你思考，在上述案例中，客户为什么会流失？客服在哪个环节已经为这个结果埋下了伏笔？客服可以做些什么来避免问题的发生？当客户出现抱怨不满的时候，客服人员怎么做会更好些？

### 为什么客户不再购买

客户合作后不再合作，整体上有如下 3 个原因。

- 对产品不满意。例如，酒不好喝、课程没有效果、电脑升级后还是打不了游戏、软件不好用等，这可能是产品本身的问题，也有可能是销售人员推荐的产品不合适，还有可能是客户的使用方法不对，或者是客户的期望过高。

- 对服务不满意。例如，服务现场你或同事的态度不太友好、公司的服务流程缺乏人性化、服务人员的专业度不够高导致问题迟迟不能得以解决等。

- 客户需求不存在。例如，汽车、房子、手机等，从这次购买到下次购买可能需要很长时间。

### 提高复购率的两条途径

在客户满意的基础上，你有两条路径能帮助你提高复购率：自身和周边。

挖掘客户自身的购买潜力。例如，我和客户合作了一个内训项目，这位客户能不能从一个内训项目深化为业绩导向的辅导项目？

挖掘客户周边的购买潜力。例如，我有没有机会为客户的客户提供服务？有没有通过这个部门渗透到客户的其他部门？有没有机会得到客户的转介绍？

自身机会的挖掘，是一个纵向深度挖掘；周边机会的挖掘，是一个横向广度的挖掘。

电话销售人员通过这两种方法的挖掘提高客户的复购率和渗透率，从而和客户建立持续合作。

## 提高客户满意度的 3 个注意事项

电话销售人员为了持续、轻松地获得业绩，一定要关注 3 个指标：客户满意度、复购率和推荐率。虽然不满意的客户也会复购或推荐，但总体来讲，不满意的客户，其复购率和推荐率不会很高。你会持续购买你不满意的产品吗？你会为你的朋友和客户推荐你不满意的产品吗？所以，要想提高复购率和推荐率，首先就要提高客户满意度。

电话销售人员为客户下了订单后，必须关注以下 3 个方面：

1. 主动关注使用体验；
2. 为客户解决问题；
3. 关注长久生意。

### 1. 主动关注使用体验

我的一位客户感到困惑的一件事是复购率不高。就他们的服务流程来说，从客户接受订单到电话销售人员第二次给客户去电促销，之间差不多经历了两周左右的时间，这两周时间，没有人主动联系客户。没有联系也就罢了，甚至出现客户有问题找不到人来帮助其解决的情况，而且还不在少数。难怪复购率不高。

很多电话销售人员签完单子，注意力就放在了下一位新客户的开发上，而对刚签完单子的客户置之不理。

签完订单，你必须关注客户在交付产品的过程中会面临哪些经常出问题的关键节点。在这些关键节点上，你要和客户保持沟通，随时关注客户的使用体验。我用"交付"这个词，无论你销售实体产品，还是提供服务，从客户下单到客户收到产品，或者能正常使用，这都是一个交付过程。最常见的关键节点有 3 个：交付前、交付中和交付后。

（1）交付前

交付前的环节出错肯定会影响客户体验。客户还没见过产品，也还没开始体验就先体验到了不好的服务，怎么能让客户信任？例如，酒类产品、维修服务、电脑配送、在线课程体验等，交付前都需要预约客户的具体时间。如果预约时间出错，导致货送到了，师傅上门了，结果客户不在。或者客户一直在等，结果货没有到。这些都会影响客户的体验，也有可能导致客户退单。

在这个场景下，双方需要预约时间，并时刻关注进展。例如，预约上门时间为晚上 7 点，那么，晚上 7 点，师傅有没有上门？客户在不在家？晚上 7 点有没有开始交付？你都需要时刻关注。

你必须清楚产品的交付流程，在交付前明确关键点并与客户保持联系，以便及时发现问题并及时解决问题。

（2）交付中

电话销售人员在产品交付的过程中一般需要注意什么？你有没有提前通知客户，让客户做好接收准备？

以在线课程为例，老师是怎么上课的？学生听课的过程中需要注意什么？如何与老师互动？等等

以电脑硬件升级为例，客户收到配件，你有没有提醒客户检查配件数量？万一配件出问题，到时候师傅上门了，发现配件不够或错了，这就是

在耽误客户的时间。

以酒类产品为例，客户收到货了，你有没有提醒客户检查品牌型号是否正确？外包装是否破损？是否打开包装检查了内包装？有没有品尝是否喜欢？有没有询问过客户，上门送货人员服务怎样？对服务是否满意？等等。

以我们的培训服务为例，上课的过程中学员的体验如何？关注度如何？课程内容匹配度如何？形式和进度如何？有什么优化建议？

这些产品交付过程中的小细节都会影响客户的体验。

### （3）交付后

产品在交付给客户后，为了达到客户的预期，电话销售人员需要注意什么？有没有持续跟进？有没有一些措施帮助客户达到预期？

以电脑升级为例。电话销售人员在交付后有没有和客户主动联系并询问升级后电脑的速度变化？客户在使用过程中有没有什么具体问题需要你解决？

以在线课程为例。客户学习后感觉如何？客户喜欢这种风格吗？

以酒类产品为例。你有没有提醒客户一定要开瓶饮用，体验口感？客户在饮用过程中有什么问题需要你解决？

这些产品交付后的小细节都会影响客户的体验。

总之，为了提高客户满意度，你必须主动关注客户在产品和服务在交付前、交付中及交付后的体验，你必须主动联系客户，了解其使用体验，及时帮助客户解决问题。

### 2. 为客户解决问题

如果你问我，最有效地建立信任、提高客户满意度的方法是什么？我想说，恐怕没有比帮助客户解决问题更有效的方法了。

前面我介绍的主动关注交付过程中的关键节点是为了避免问题的发生，但出现问题并不可怕，可怕的是出现了问题，但你不知道。及时发现问题，你才能及时、快速解决问题。

解决客户遇到的问题、提高客户满意度，你一定要满足客户的两种需求：情感需求和理性需求。

情感需求更多涉及客户被尊重、被重视、被理解、被倾听等心理需求的满足；而理性需求更多涉及退换货、补偿、问题被快速解决并不再发生等。

我的建议是无论应对什么问题，你最好都要准备两种需求满足方案（见表 23-1）。

表 23-1　两种需求满足方案

| 客户的不满 | 理性需求的满足 | 情感需求的满足 |
| --- | --- | --- |
| 在线教育，客户因为效果不好而对课程不满意 | 你和客户一起找到导致效果不好的原因，并提出改善的建议 | 赠送客户一定的学习资料，以作为对客户反馈问题的感谢或补偿 |
| SAAS 软件，客户因为使用起来操作烦琐而对软件不满意 | 经过你和客户的沟通，你发现客户在开通软件后，一直没有做相关设置而导致其操作烦琐，公司的技术工程师帮助客户进行了调整后，解决了问题 | 为客户赠送张烜搏老师的销售课程，以作为对客户反馈问题的感谢或补偿 |

情感需求和理性需求同时满足，可以更好地使客户的心理获得平衡，更好地满足客户被尊重和被重视的心理需求，从而提高客户满意度。

所以，你必须问问自己，你解决客户问题的方法是否包含了这两个部分？

## 3. 关注长久生意

### 不推荐不适合客户的产品

关注长久生意的一个典型思维是，即使你的业绩压力再大，也不推荐不适合客户的产品。

一家公司的电话销售人员非常痛苦，因为他们面临"三高"的问题：客户流失率高、退单率高、投诉率高。"三高"怎么形成的？一个原因就是电话销售人员随意推荐客户购买产品，只要公司有促销活动，就推荐客户购买。不管这个产品是否适合客户，也不管客户的需求是什么。

有些电话销售人员完全按照客户提的要求下订单，客户要 A 产品就给 A 产品，但问题是客户收到 A 产品后发现不合适并要求退货。电话销售人员觉得自己挺冤枉的，是客户主动要 A 产品的，我有什么错？

电话销售人员的错在于其没有挖掘客户的需求，而仅仅在满足客户的要求。如果要做到让客户满意，提高复购率，你就不能仅仅满足于自己没有责任，你要帮助客户做出最正确的选择，为客户推荐最合适的产品，超出客户的预期。

### 需要的时候承担损失

关于超出客户预期，我以瑞幸咖啡为例。

有一次，我在上海为樊登读书的企业 App 录制课程。中间休息的时候，我点了 6 杯瑞幸咖啡，把送货地址误选成我在广州的地址了，而我人在上海。

我立刻打电话给瑞幸客服，客服在了解了这个情况后就快速告诉我："抱歉给您添麻烦了，您直接在 App 上取消订单就可以，然后就退款给您，其他事情由我来负责处理。"

无论是客服的服务态度，还是解决问题的方法、速度，我都感到非常满意。这种好的体验，加上瑞幸的分享策略（分享给好友，好友和分享者各免费得一杯），是很多瑞幸用户愿意分享瑞幸的一个原因。

我也遇到过很多电话销售人员，因为各种原因，自己付费承担用户的损失。我相信，他们也都相信，短期的承担一定会带来更多的收益。

总之，关注客户的长期利益，你的注意力和解决问题的方法也会站在更长远的角度考虑。

## 激活沉默客户的方法

做电话销售，不得不谈另一种类型的客户：沉默客户。沉默客户就是之前与你合作过，但现在不再合作的客户。

谈到激活沉默客户，也许你有很多方法，例如，充分利用微信朋友圈和社群，而我在这里先为你介绍一种方法：手写信件法。现在手写信件越来越少，自然也越来越被收件人所珍惜，客户也会更有兴趣看完，因为手写本身就反映了写信人对收信人的重视和尊重。

这个方法是我为一家公司做培训的时候，该公司多年的电话销售冠军分享的经验。手写信已经成为她激活沉默客户的一个重要"武器"。当然，更重要的是她的情感、她对客户的尊重，以及她内心对服务客户的渴望。

接下来，我把她的分享呈现给你。我期望你带着情感读完这封信。

王哥，现在是晚上 10 点，有一种莫名的冲动，想给您写一封信。

首先感谢王哥过去 3 年对我的帮助，让我这样一个从落后、贫穷的大山里走出来的苦孩子，第一份工作就有幸得到了您的帮助，您就是我的贵人，没有您的帮助，我不会有今天的成就。谢谢王哥。

最近一年您都没有购买过我们的产品，没有给我为您服务的机会，我知道一定是我工作没有做到位，让您失望了。我很自责，也很难过，我恳请您的原谅，向您表示歉意。

回想起您给我的第一份订单，那个时候我刚开始接触客户，还不是很了解怎么服务于客户，误打误撞，在电话中听您说可以下单的时候，内心充满了兴奋、激动、紧张，可能您没有感觉到，但这种感觉让我终生难忘。写到这里，也不知道怎么回事，我的眼泪就流了下来。

不知您是否记得，大概两年前，我们公司对外部客户促销，也对内部服务顾问促销，公司邀请前 20 名优胜者的父母来公司考察并在当地旅游，公司报销所有费用。我当时很想让我在山里的父母出趟远门，见见世面，也让我这个做女儿的回报一下父母。当时，我的业绩离前 20 名还差一些，我找您帮我，您还记得吗？您二话没说就帮我多下了一单，也就是这多出来的一单让我成了这 20 名优胜者的一员。想到这些，我心里是满满的感激。

一想到这些美好回忆，也许以后再也不会出现，我很心痛。这都怪我，不怪您。

我不知道这些美好回忆，是否还能再次发生，但我心怀希望。公司知道了您的情况，也非常重视，我们公司 10 周年庆典，邀请部分重要客户作为嘉宾出席，我特意为您申请了一个名额。您知道这个名额有多宝贵吗？我们上千名服务顾问，每人最多申请 3 个名额，公司还会邀请部分政府官员、行业知名人士等出席，也会邀请明星助阵演出，机会实在难得。我渴望能邀请您出席，我的贵人。

随信附上此次活动的详细安排，如果您能来，我们会感到非常荣幸，我代表公司盛情邀请您的到来。

您的服务顾问 ××

我想客户看完这封信一定会很感动。最后的结果是，客户不仅出席了会议，还成了忠实客户，并给这个电话销售人员推荐了很多客户。这就是手写信的威力。

## 手写信的 7 个要点

如果你问这封手写信有什么结构可以让你作为模板，以下 7 个要点可以供你参考：

1. 感谢和致歉；
2. 合作初始的点点滴滴 / 客户为你做的事情；
3. 唤醒美好的回忆；
4. 再次感谢和致歉；
5. 表达对客户的重视；
6. 陈述你期望客户的行动；
7. 再次表示感谢，并附上一张优惠券。

随信件附上一张优惠券是一个不错的选择。这样做一方面可以表达你的诚意，另一方面也可以借助优惠券激活客户。

# 第 24 章　如何获得更多的客户推荐

大部分电话销售人员都有一个痛：高转化率的客户线索或商机太少，导致电话销售人员在商机挖掘方面投入的时间过多，影响其业绩和收入。

如果你所在的公司能持续提供高质量的精准线索，你可能不会有这个痛，但公司提供的高质量精准线索始终有限，大部分电话销售人员都需要自己开发客户线索和商机。

在众多的线索和商机来源渠道中，转化率最高的是第三方推荐，尤其是具有高度信任感的第三方推荐。

你必须充分重视第三方推荐，请仔细思考以下两个问题。

● 每天你投入大量的时间和精力，甚至比你所在团队的销售冠军投入得更多，但你有相当一部分时间都耗费在了客户筛选、商机挖掘上，而非真正有效的意向客户成交沟通。这对你的转化率和收入有什么影响？

● 如果你的线索来源中，客户和第三方推荐占了一定的比例，他们的高转化率对你整体转化率和收入的提高会有什么帮助？

很多电话销售人员的推荐客户较少，这是由 3 个"缺"导致的：缺意识、缺勇气和缺方法。

为了获得更多的客户推荐，你必须理解、掌握并能应用以下方法：

● 3 个正确的推荐信念；
● 清楚推荐时的 2 种心理；
● 把握 6 个关键的推荐时机；
● 得到推荐的 8 个关键事项。

## 3 个正确的推荐信念

如果客户为你推荐其他客户，你觉得谁将从中获益？

很多电话销售人员都认为是自己从中获益。如果你也是这么认为的，那么你错误地理解了推荐的信念。我们将"推荐信念"简单地理解为你怎么看待第三方的推荐行为。事实上，第三方为你推荐客户，获益的一定是三方，而不单单是你。否则，客户为什么向你推荐客户？只是，有时候客户理解的获益和你理解的获益可能不同。

关于第三方推荐，请记住以下 3 个观点。

### 1. 对方可能是你的直接客户，也可能是为你推荐客户的人

你接触的大部分客户可能不是你的直接客户，但他的背后一定有你的直接客户。你需要有意识地接触和培养最能为你推荐客户的人，如你的客户、直接竞争敌手、同行、上下游客户、商会协会成员、MBA 班同学、企业商学院培训班成员等，都有可能成为向你推荐客户的第三方。

### 2. 利他，先付出再求回报

在要求对方为你推荐客户前，先无条件付出，即先帮助对方。例如，你期望对方为你推荐客户，就先为对方推荐客户。

在这个观念下，你需要考虑这些问题：除了我的产品和服务，我还能为客户做些什么？客户最需要什么？我的其他客户和资源能帮助他吗？

### 3. 推荐是一种交换行为

推荐是一种交换行为。换句话理解，推荐人为你推荐客户，你对他的回报是什么？如果你有足够的资源可以和推荐人交换，寻求推荐是一件很简单的事情。

你在要求对方为你推荐客户前，想清楚你为对方带去的是物质回报，

还是有内在成就感的回报。

## 清楚推荐时的 2 种心理

我经常请求朋友推荐一些关键人，为什么有些人愿意帮你？而有些人婉转拒绝你？你必须了解推荐者的推荐心理。

推荐心理和决策心理类似，包含了两部分：推荐动机和推荐顾虑。

推荐动机是吸引他、推动他为你推荐的力量；推荐顾虑是阻碍他为你推荐的力量，即他的担心和顾虑。

### 1. 推荐动机

推荐动机一般有以下 4 种。

#### （1）利益驱动

利益驱动是指推荐人能从推荐中获得利益，如金钱、资源、服务等回报。利益驱动目前是客户推荐的一种常态，销售合伙人、分销、渠道都属于利益驱动的一种推荐模式。

例如，如果你认可我的课程，你可以申请成为我的销售合伙人。申请成功后，你为我推荐客户的时候会得到高额的销售佣金。同时，你还能得到我对你的销售指导，帮助你提升销售能力。这就是利益驱动的推荐。

另外，对推荐人的利益回报未必都是金钱，也许他需要你为他争取更多的公司资源、服务、优惠政策等，这些都可以作为条件来换取对方的推荐。

#### （2）情感驱动

情感驱动就是客户想通过推荐，维系他和你的关系，或者获得心理的平衡。据我了解，电话销售人员在寻求客户推荐方面，最常使用的就是这种方式。

电话销售人员通过持续地关怀客户，用心地为客户解决问题，免费地提供增值服务，这些付出从某种程度上会让客户产生内疚感，进而产生补偿心理。而为你推荐客户是最常见的补偿行为。通过这种行为，客户内心获得了平衡。

还有一种情况是，因为客户认可你，所以他期望通过向你推荐客户来维系你们的关系，这种情况对你的个人魅力的要求比较高。

### （3）人际关系驱动

人际关系驱动就是客户认为帮人就是帮自己，帮助你对扩大自己的人际关系有帮助。

这种客户一般看得长远，也知道先付出后求回报的道理。当然，你也要投桃报李，换取利益平衡。

这种方法特别适合社会活动家类型的客户，这类客户朋友多、交友广。如果你要服务的不是这种类型的客户，使用这种方法就需要先引导对方的理念，也就是人际资源共享的理念，只有他接受了这个理念，才有可能为你推荐客户。

### （4）自我驱动

自我驱动受到成就感的驱动。这类客户境界高远，他们一般不求回报地付出，无条件地分享资源，因为他知道资源越分享就越多。

他不期望从你这里获得任何回报，当他看到你因为他的帮助而获得成功时，他的内在成就感也就得到了满足。

对于对方的无私付出，你一定要给予更多的肯定、赞美和欣赏，让他体会到帮助他人的乐趣。这类推荐人可遇不可求，遇到就好好珍惜吧！

总之，你在寻求推荐的时候，一定要想想客户的推荐动机是什么。如果找不到推荐动机，你就需要激发、创造客户的推荐动机。

### 2. 推荐顾虑

有些人口头答应却并不采取实际行动，很大的原因可能是推荐动机还不够强烈。当然，也可能有另一个原因：他们有推荐顾虑。

推荐人的推荐顾虑一般有以下几种。

● 我会不会打扰到对方？

● 万一我推荐的人不靠谱呢？

● 这会不会让我的朋友对我产生误会？

● 这会不会占用我很多时间和精力？

● 这会不会影响我本来的业务？

● 这会不会引入竞争对手？

所以，你在寻求推荐前要想想这个问题：对方向我推荐客户时会有什么顾虑？如果有，你需要提前打消对方的顾虑。例如，你告诉推荐人："您放心，没有得到您的允许，我不会轻易打电话给对方的。"这就是在提前打消推荐人的担心。

## 把握6个关键的推荐时机

无论什么类型的沟通，时机都非常重要。挖需求，需要时机；谈方案，需要时机；要承诺，需要时机。请求推荐，当然也需要把握正确的时机。

机会来临的时候，你千万不能错过。你一定要把握住以下6个关键的推荐时机。

### 1. 客户对你的产品或服务表示满意时，你应抓住机会，不妨按如下方式回应。

● 全力做好服务是我的职责所在，这得益于您的信任。还有一事相求：我期望能得到您的同意，将您刚才对我们服务的满意评价写下来，恳请您签字并拍照，为我们的愉快合作留下珍贵记忆。如何？

● 全力做好服务是我的职责所在，这得益于您的信任。还有一事相求：我知道您在行业内的影响力巨大，朋友众多，而且，您期望您朋友可以更好，可否恳请您帮我做个引荐？让您的朋友和客户也有机会得到我们的服务。

● 实在太感谢您了，我知道您是一个特别期望帮助他人的人，您真是我的贵人。我们理想的客户是这样的……您接触这个行业这么久，身边一定有这样的朋友或客户吧？可否恳请您引荐给我？

在运用这个方法时，你一定要记得在提供服务后或交付产品后，在回访的时候主动问客户："您对我们的服务感到如何？"如果客户说满意，你自然有机会请求推荐。如果客户不满意，这就给了你机会去解决问题、建立信任。

**2. 客户对你的免费服务表示感谢的时候，你应抓住机会，不妨按如下方式回应。**

● 无论是否有机会长期合作，现在能为您服务是我的荣幸，感谢您给我这次机会。我有一事相求：我知道您在行业内的影响力巨大，朋友众多，而且，您期望您朋友可以更好，可否恳请您帮我们做个引荐？让您的朋友和客户也有机会得到我们的服务。

● 因为各种原因，我们暂时不能合作，我也很遗憾。同时，我有一个小请求：您在该行业经营多年，人际关系广泛，一定有需要我们服务的朋友或客户。可否恳请您将我引荐给您的朋友，让您朋友通过我们的服务受益？

**3. 客户否决你的时候，你应抓住机会，不妨按如下方式回应。**

● 很遗憾这次没有得到为您服务的机会，我会擦干眼泪，继续努力，争取早日有机会为您服务。另外，虽然这次没有机会合作，我期望有机会为您公司的其他部门提供服务。可否恳请您帮助引荐一下 A 部门的负责人？谢谢您。

**4. 项目延迟或取消的时候，你应抓住机会，不妨按如下方式回应。**

● 为了项目，我们双方在前期都付出了很多时间和精力，感谢您的协调与支持。因为各种原因，项目延期 / 取消，我期待未来的合作。另外，经过这段时间的接触，您对我们很信任，对吧？感谢您。有一事相求，您在行业内经常会接触到可能会需要我们的服务的人。可否请您帮助引荐？

**5. 和客户签订合同 / 付款的时候，你应抓住机会，不妨按如下方式回应。**

● 非常感谢您的信任，我们一定会全力以赴。另外，我们的很多客户都是通过其他客户引荐而来的。我有一个资源共享的微信群，群里都是帮助我推荐过客户的人，我想邀请您加入此群，不知道能不能帮到您？

**6. 客户心情不错的时候，你应抓住机会。**

客户心情好的时候，你提任何请求，总是容易被满足的。

借助以上 6 个关键时机，你一般会得到对方的口头承诺，至少对方不会直接拒绝你。有了口头承诺，接下来，你需要做什么？

## 得到推荐的 8 个关键事项

得到推荐人的口头承诺后，接下来为了得到推荐，你需要注意 8 个关键事项：

1. 感谢推荐人；
2. 讲清楚你的目标客户；
3. 讲清楚你期望推荐人做出哪些具体的推荐行为；
4. 讲清楚你能为推荐人提供的帮助（推荐动机）；
5. 打消推荐人的推荐顾虑；
6. 马上要具体承诺；
7. 教会推荐人如何推荐；
8. 推荐之后的两个注意事项。

### 1. 感谢推荐人

推荐人为你推荐客户，你要表示感谢。举例如下。

真的太感谢您了，我们的成就离不开您的帮助。

### 2. 讲清楚你的目标客户

你的推荐人背后有很多人，如果他不清楚你具体想认识什么人，即使他想帮你，也未必能想到。所以，你需要让推荐人清楚地知道：你目标客户的具体特征，越简单、越清晰越好。例如，我一般告诉我的推荐人，适合我服务的客户是谁，举例如下。

难得和您沟通一下，我给您简单解释一下我能帮到的客户都是谁。和您一样，团队规模30人以上的电话销售型企业。您应当与不少这样的企业打过交道吧？

这里补充一点，因为我根据客户的不同规模、不同需求，提供线上课、公开课、内训课和辅导项目，对于 30 人以上规模的电话销售团队来说，无论其需求是什么，我都有解决方案。

### 3. 讲清楚你期望推荐人做出哪些具体的推荐行为

你与每一位推荐人的合作模式、对方能为你推荐的资源、对方推荐的意愿度等可能都是不一样的，你要清楚你想从推荐人这里得到什么。最常见的有 3 类：

- 为你介绍符合目标客户特征的客户，无论对方是否有需求；
- 为你介绍明确的商机，也就是知道某一个客户有需求的时候可以引荐你认识；
- 帮你介绍某一个你想认识的人。

这就是你期望推荐人能为你推荐什么，你自己要清楚，也要给推荐人解释清楚。

### 4. 讲清楚你能为推荐人提供的帮助（推荐动机）

你必须知道客户为什么愿意帮你做推荐。如果你找不到，估计所谓的推荐也仅仅是口头上的承诺而已。

因为各种变化，之前的一些客户无法再合作。我和他们说："你们业务的变化导致我们现在暂时没有合作机会。但我们有缘分，我也很想将这种缘分继续下去。要不您帮我推荐一些客户吧，反正您的朋友和客户那么多，这样咱们的关系又通过其他客户续上了。您说呢？"

就这样，有些不再合作的客户成了我的推荐人。

这就是推荐动机，你必须让推荐人意识到他为你推荐的必要性。

### 5. 打消推荐人的推荐顾虑

虽然有推荐动机，但不少推荐人还有顾虑，你需要消除推荐人的推荐顾虑。

有时你需要主动询问推荐人，促使对方表达顾虑。这和需求沟通、主动挖掘客户顾虑是一个道理。

### 6. 马上要求具体承诺

很多推荐都是口头承诺，而没有实际行动。你要趁热打铁，要求获得具体承诺。

具体承诺最好是建微信群，你可以按如下方式讲。

- 您放心，我一定会用心服务您的朋友，您的朋友也一定会感激您的引荐。您方便建个微信群吗？
- 现在刚好针对朋友引荐的客户，赠送这本书，要不您现在建微信群介绍一下我，我将这本书邮寄给您朋友？

在有些情况下，推荐人会先和对方沟通，对方在愿意认识你的情况下，建群并相互介绍才不至于让双方都尴尬。所以，有时候你需要将节奏放慢一点。

### 7. 教会推荐人如何推荐

当推荐人愿意为你推荐时，他该如何引荐你才会对三方更好？你需要教会你的推荐人如何推荐你。例如，你是电话销售人员，申请成了我的合伙人，要把我引荐给你的朋友和客户（电话销售型企业）。我现在就教你如何推荐这本书，你可以通过微信如下告诉对方。

我最近认真研读了一本关于电话销售的非常实用的图书，书中谈到的电话销售方法完全围绕我遇到的实际问题展开，对我的帮助非常大。我知道您的生意也是以电话销售为主，这本书一定可以帮您的团队提高电话销售转化率。这本书的作者是国内电话销售领域转化率专家，张炬搏，您之前有没有接触过？

推荐这本书给客户的原因如下。

● 你向客户传递了一个信息：你是一个有追求、热爱学习的电话销售人员。你的客户会因此而喜欢你，对你刮目相看，因为他期望自己的团队有更多像你这样的人才。

● 你的客户一定会从这本书受益，通过运用这本书的方法解决他们的问题，进而更好地培养团队。你一定也相信这一点，

另外，补充一个重点：当你教推荐人如何推荐你的时候，尽量节省推荐人的时间和精力。你尽可能为推荐人准备好一切关于你的信息，你为什么要和他朋友接触，以及你给他朋友带来的价值等，用文字、图片、图文等形式发送给推荐人，让推荐人可以直接使用。

### 8. 推荐之后的两个注意事项

#### （1）将沟通结果及时反馈给推荐人

如果推荐人给你推荐了他的朋友，你要及时将你和对方沟通的进程、结果反馈给推荐人。虽然推荐人不期望通过推荐获得什么，但也期望其推荐的事情有结果。

#### （2）向推荐人表达感谢

无论最后你与推荐人推荐的客户合作与否，你一定要向推荐人表示感谢。表示感谢的时机有 3 个：推荐人为你推荐的时候、你和对方关系有重大突破的时候、你和对方达成合作的时候。表示感谢的方法可以是发一个红包，也可以是邮寄一份小礼物，还可以是更多的关怀，具体看情况。

# 附录　拿来即用的工具手册

| 应用场景 | 适合情况 |
|---|---|
| 电话邀约 / 电话销售流程 | 电话销售方法论的核心内容总结，无论你采用什么电话销售模式，都可以从这个工具中找到你所需要的核心概念和方法 |
| 30 秒转化率提升要点 | 有些客户很关注 30 秒转化率，也就是希望提高 30 秒以上的通话的时长。如果你也关注这个指标，可以参考这个工具。当然，30 秒只是一个概数，其实指的是电话销售人员需要有能力和客户进行更深入的沟通，而不是匆匆被挂掉电话 |
| 针对有需求的客户的沟通要点 | 电话量足够多的时候，电话销售人员总会遇到有需求的客户，这个工具主要告诉我们当遇到有意向的客户时，沟通中的注意事项 |
| 针对无需求的客户的沟通要点 | 在外呼销售中，95% 以上的客户可能都是没有需求的客户，放弃这类客户太可惜了。这个工具列举了如何与这类客户有效沟通 |
| 针对有需求但不认可的客户的沟通要点 | 有时候我们会遇到有需求但对你不认同的客户，这个工具中总结了和这类客户沟通的要点 |
| 电话沟通技巧 | 无论你采用什么电话销售模式，电话销售人员必须掌握电话沟通的 4 个关键技巧 |

## 附录 1　电话邀约 / 电话销售流程

| 评估项 | 评分 | 好的地方 | 需要改进的地方 |
|---|---|---|---|
| **善准备** | | | |
| ☐ 为什么打电话 | | | |
| ☐ 想得到什么结果 | | | |
| ☐ 对方为什么接你电话 | | | |
| ☐ 可能遇到的情况以及应对方式 | | | |
| **抓开场** | | | |
| 抓开场 | | | |
| ☐ 自我介绍 | | | |
| ☐ 礼貌用语 / 建立关联 | | | |
| ☐ 陈述目的并吸引注意力 | | | |
| ☐ 确认意向度 / 需求 | | | |
| 塑造信任 | | | |
| ☐ 个人专业度 | | | |
| ☐ 公司可信度 | | | |
| **挖需求** | | | |
| 客户没有需求 | | | |
| ☐ 了解客户的相关信息 | | | |
| ☐ 寻找可能的切入点 | | | |
| ☐ 探讨可能对客户产生的影响和导致的后果 | | | |
| ☐ 确认客户的需求 | | | |
| 客户有需求 | | | |
| ☐ 产生需求的动机 | | | |
| 　☐ 渴望 | | | |
| 　☐ 痛苦 | | | |
| ☐ 激发式询问 / 同理心强化影响 | | | |
| ☐ 确认客户需求的急迫性 | | | |
| ☐ 横向完整探询具体需求 | | | |
| ☐ 纵向清晰探询具体需求 | | | |
| ☐ 优势引导法引导行业 / 公司 / 产品优势 | | | |
| ☐ 总结需求并达成共识 | | | |

（续表）

| 评估项 | 评分 | 好的地方 | 需要改进的地方 |
|---|---|---|---|
| **挖需求** | | | |
| 决策类<br>□ 决策时间<br>□ 决策流程<br>□ 决策人 / 相关参与者<br>竞争类<br>□ 竞争对手<br>□ 喜欢和不喜欢的地方<br>预算类<br>□ 数额<br>□ 预算流程 | | | |
| **谈方案** | | | |
| □ 时机的把握度<br>□ 针对客户的具体需求和动机做介绍<br>□ EFABC 法则的应用技巧<br>□ 针对客户心理需求的陈述 | | | |
| □ 运用感性需求激发技巧（自我定位、成功故事、羊群效应、物超所值、对比原理、权威原理、稀缺原理等）<br>□ 对公司优势的持续宣传<br>□ 保留卖点以备用 | | | |
| **要承诺** | | | |
| 获得承诺<br>□ 时机把握<br>□ 总结好处 / 立即行动的好处<br>□ 提出下一步建议<br>□ 确认是否接受<br>相关技巧<br>□ 二选一<br>□ 替客户做决定<br>□ 稀缺原理<br>□ 假设成交<br>□ 由大到小<br>□ 由小到大 | | | |

（续表）

| 评估项 | 评分 | 好的地方 | 需要改进的地方 |
|---|---|---|---|
| **要承诺** | | | |
| 拖延处理<br>☐ 表示了解客户的想法<br>☐ 重新介绍产品对客户的好处<br>☐ 介绍保留的卖点和好处<br>☐ 要求给出承诺 | | | |
| 结束电话的技巧<br>☐ 结束电话时的电话礼仪<br>☐ 避免悔单：感谢 / 信任 / 下一步<br>☐ 为下次接触做铺垫 | | | |
| **谨追踪** | | | |
| 跟进客户的技巧<br>☐ 微信 / 电话 / 短信 / 邮件<br>☐ 热 / 温 / 冷<br>☐ 跟进频率的把握<br>☐ 使用适当的内容和信息 | | | |
| **顾虑和竞争的"抓、挖、谈、要"** | | | |
| 打消顾虑<br>☐ 表示了解客户的想法<br>☐ 通过提问找到顾虑产生的原因<br>　　☐ 横向<br>　　☐ 纵向<br>☐ 有针对性地处理顾虑<br>　　☐ 弊端 / 缺点<br>　　☐ 误解<br>　　☐ 不信任<br>☐ 确认并再次要承诺 | | | |
| 赢得竞争<br>☐ 优势、劣势分析：个人 / 公司 / 产品<br>☐ 4 种竞争策略的应用技巧<br>　　☐ 强化优势<br>　　☐ 克服不足<br>　　☐ 中和对手优势<br>　　☐ 显现对手不足 | | | |

## 附录 2　30 秒提升转化率要点

### 1. "抓开场"的四个要素

| 评估项 | 评分 | 好的地方 | 需要改进的地方 |
|---|---|---|---|
| ☐ 自我介绍 | | | |
| ☐ 礼貌用语 / 建立关联 | | | |
| ☐ 陈述目的并吸引注意力 | | | |
| ☐ 确认意向度 / 需求 | | | |

### 2. 声音感染力

| 电话销售中的沟通技巧 | | 评分 | 好的地方 | 需要改进的地方 |
|---|---|---|---|---|
| 声音感染力 | ☐ 节奏、停顿、重点、抑扬顿挫 | | | |
| | ☐ 匹配的语速 | | | |
| | ☐ 适当的音量 | | | |
| | ☐ 匹配的语气 | | | |
| | ☐ 适当的语调 | | | |
| | ☐ 热情、活力、自信 | | | |
| | ☐ 肢体、表情、手势、坐姿 | | | |
| | ☐ 表达方式、积极措辞 | | | |

### 3. 针对不同类型的客户的应对方法

| 评估项 | 评分 | 好的地方 | 需要改进的地方 |
|---|---|---|---|
| ☐ 老鹰型（时间紧迫型 / 态度粗暴型） | | | |
| ☐ 孔雀型（热情调侃型） | | | |
| ☐ 鸽子型（礼貌友善型） | | | |
| ☐ 猫头鹰型（冷漠严谨型） | | | |

## 附录 3　针对有需求的客户的沟通要点

### 1. 初步意向客户"挖需求 + 谈方案"评估要点

| 评估项 | 评分 | 好的地方 | 需要改进的地方 |
|---|---|---|---|
| ☐ 通过反问技巧确定需求 | | | |
| ☐ 深入挖掘产生需求的动机 | | | |
| ☐ 强化需求的急迫性 | | | |
| ☐ 了解客户的初步需求 | | | |
| ☐ 运用 EFABC 法则给予强化 | | | |
| ☐ 获得具体承诺 | | | |

### 2. 需求明确客户"挖需求 + 谈方案"评估要点

| 评估项 | 评分 | 好的地方 | 需要改进的地方 |
|---|---|---|---|
| ☐ 通过反问技巧确定需求 | | | |
| ☐ 深入挖掘产生需求的动机 | | | |
| ☐ 强化需求的急迫性 | | | |
| ☐ 了解客户的具体需求 | | | |
| ☐ 了解具体需求背后的原因 | | | |
| ☐ 了解客户的时间计划 | | | |
| ☐ 运用 EFABC 法则给予强化 | | | |
| ☐ 获得具体承诺 | | | |

### 3. 提问和倾听技巧

| 电话销售中的沟通技巧 | | 评分 | 好的地方 | 需要改进的地方 |
|---|---|---|---|---|
| 听：积极倾听 | ☐ 做记录 / 不打断客户 | | | |
| | ☐ 回应 | | | |
| | ☐ 澄清 | | | |
| | ☐ 确认 | | | |
| | ☐ 倾听客户的反应 | | | |
| | ☐ 听出难言之隐和言不由衷 | | | |

（续表）

| 电话销售中的沟通技巧 | | 评分 | 好的地方 | 需要改进的地方 |
|---|---|---|---|---|
| 问：主动提问 | □ 表示提问 | | | |
| | □ 开放式和封闭式 | | | |
| | □ 反问技巧 | | | |
| | □ 前奏的运用 | | | |
| | □ 纵深提问 | | | |
| | □ 提问后保持沉默 | | | |

## 附录4　针对无需求的客户的沟通要点

### 1. "理性引导需求 + 感性激发需求"评估要点

| 评估项 | 评分 | 好的地方 | 需要改进的地方 |
|---|---|---|---|
| □ 询问并了解情况 | | | |
| □ 找到合适的切入点 | | | |
| □ 探讨影响 | | | |
| □ 确定客户的需求 | | | |
| □ 运用感性需求激发技巧（自我定位、成功故事、羊群效应、物超所值、优势对比、权威原理、稀缺原理等） | | | |
| □ 获得具体承诺 | | | |

### 2. 提问和倾听技巧

| 电话销售中的沟通技巧 | | 评分 | 好的地方 | 需要改进的地方 |
|---|---|---|---|---|
| 听：积极倾听 | □ 做记录／不打断客户 | | | |
| | □ 回应 | | | |
| | □ 澄清 | | | |
| | □ 确认 | | | |
| | □ 倾听客户的反应 | | | |
| | □ 听出难言之隐和言不由衷 | | | |

（续表）

| 电话销售中的沟通技巧 | | 评分 | 好的地方 | 需要改进的地方 |
|---|---|---|---|---|
| 问：主动提问 | ☐ 表示提问 | | | |
| | ☐ 开放式和封闭式 | | | |
| | ☐ 反问技巧 | | | |
| | ☐ 前奏的运用 | | | |
| | ☐ 纵深提问 | | | |
| | ☐ 提问后保持沉默 | | | |

## 附录5　针对有需求但不认可的客户的沟通要点

### 1."优势引导法+顾虑处理+4种竞争策略+拖延处理"评估要点

| 评估项 | 评分 | 好的地方 | 需要改进的地方 |
|---|---|---|---|
| ☐ 激发需求的急迫性 | | | |
| ☐ 优势引导法 | | | |
| 拖延处理评估项 | 评分 | 好的地方 | 需要改进的地方 |
| ☐ 同理心 | | | |
| ☐ 总结好处 | | | |
| ☐ 增加新的卖点 | | | |
| ☐ 直接要承诺 | | | |
| 顾虑和竞争处理评估项 | 评分 | 好的地方 | 需要改进的地方 |
| ☐ 同理心 | | | |
| ☐ 提问找原因，确认需求 | | | |
| ☐ 强化优势 | | | |
| ☐ 克服不足 | | | |
| ☐ 中和对手优势 | | | |
| ☐ 显现对手不足 | | | |
| ☐ 确认 | | | |
| ☐ 再次要承诺 | | | |

## 2. 同理心和确认技巧

| 电话销售中的沟通技巧 | | 评分 | 好的地方 | 需要改进的地方 |
|---|---|---|---|---|
| 确认技巧 | ☐ 当客户讲很多时 | | | |
| | ☐ 当自己做陈述后 | | | |
| | ☐ 介绍产品后 | | | |
| | ☐ 解决完异议后 | | | |
| | ☐ 要求承诺前 | | | |
| 同理心 | ☐ 认同客户 | | | |
| | ☐ 理解客户的感受 | | | |
| | ☐ 对其他人一样重要 | | | |
| | ☐ 不解决所带来的风险 | | | |

# 附录6　电话沟通技巧

| 电话沟通技巧 | | 评分 | 好的地方 | 需要改进的地方 |
|---|---|---|---|---|
| 和：和谐融洽 | ☐ 电话 / 微信沟通礼仪 | | | |
| | ☐ 寻找共同点 | | | |
| | ☐ 真诚关心客户 | | | |
| | ☐ 真诚欣赏和赞美 | | | |
| | ☐ 同理心的 4 种方法 | | | |
| | ☐ 谈客户感兴趣的话题 | | | |
| 说：声音感染力 | ☐ 节奏、停顿、重点、抑扬顿挫 | | | |
| | ☐ 匹配的语速 | | | |
| | ☐ 适当的音量 | | | |
| | ☐ 匹配的语气 | | | |
| | ☐ 适当的语调 | | | |
| | ☐ 热情、活力、自信 | | | |
| | ☐ 肢体、表情、手势、坐姿 | | | |
| | ☐ 表达方式、积极措辞 | | | |

（续表）

| 电话沟通技巧 | | 评分 | 好的地方 | 需要改进的地方 |
|---|---|---|---|---|
| 听：积极倾听 | ☐ 做记录 / 不打断客户 | | | |
| | ☐ 回应 | | | |
| | ☐ 澄清 | | | |
| | ☐ 确认 | | | |
| | ☐ 倾听客户的反应 | | | |
| | ☐ 听出难言之隐和言不由衷 | | | |
| 问：主动提问 | ☐ 表示提问 | | | |
| | ☐ 开放式和封闭式 | | | |
| | ☐ 反问技巧 | | | |
| | ☐ 前奏的运用 | | | |
| | ☐ 纵深提问 | | | |
| | ☐ 提问后保持沉默 | | | |